¡Y ME SERÉIS TESTIGOS!

¡Y Me Seréis Testigos!

¡Un llamado para cumplir Hechos 1:8 a su máximo!

por José C. Hernández, Jr.

WindMill

Algunos de los sueños del ministerio "The Orlando Fellowship,"
Orlando, Florida.

¡Y Me Seréis Testigos!

¡Un llamado para cumplir Hechos 1:8 a su máximo!

Ofrecido por **WindMill**—algunos de los sueños del ministerio "The Orlando Fellowship," 1571 Bay Club Road, Oviedo, FL 32766; 890 Penny Drive, Titusville, FL 32780

Email: Missions.Mobilizer.Group@gmail.com

Publicado por Lulu Publishing.
Para copias adicionales: http://www.lulu.com

Editaje: Ada L. Hernández, Jenny Rodríguez
Consejero: Dr. Daryl L. Smith
Diseño: Carolyn B. Smith
Fotografías: Viaje "Captura la Visión 2007 en la China"

ISBN: 978-0-557-24820-9

Dedicatoria

Dedico este trabajo literario a la Reverenda Diana E. Barrera quien ha sido pionera en el esfuerzo de movilizar a la iglesia hispana en los Estados Unidos de America. Diana es una líder misionera apasionada por las almas perdidas tanto a nivel local, como regional y allende los mares. Una de las cosas por la cual admiro tanto a mi hermana Diana es el hecho de que a pesar de ser una reconocida líder misionera a nivel internacional ella mantiene su carácter de humilde sierva del Señor. Diana, gracias por tu dedicación, esfuerzo, estímulo y ejemplo de cómo debe de vivir un seguidor de Jesucristo. Es mi deseo el poder imitarte de la misma forma que imitas a Jesús. Que el Señor te continúe bendiciendo en todo lo que te propongas hacer para el Reino de Dios.

En Cristo,
Rev. José C. Hernández, Jr.
Titusville, Florida
Estados Unidos de América

Tabla de Contenido

Agradecimientos

Deseo agradecer desde lo más profundo de mi corazón primeramente al Señor Jesucristo quien me compró con su preciosa sangre, salvando mi vida de la condenación eterna, llamándome al ministerio de la bíblica oratoria, capacitándome, y enviándome a las naciones de la tierra como embajador del Reino y a Su Iglesia como una voz profética. También quiero dar las gracias a mi esposa Ada, quien ha sido mi incansable colaboradora e inspiración tanto en nuestro hogar como el ministerio y a nuestra hija Michelle, quien es un testimonio vivo de la tenacidad en medio de los más difíciles momentos de nuestras vidas.

Son muchas más las personas quienes de una forma u otra han sido de inspiración para que hoy me encuentre enamorado de Jesús y de Su misión en el mundo. Como dice el refrán; "se necesita una villa entera para criar a un niño." Entre tantas personas están mis padres quienes me dedicaron desde mi nacimiento al servicio de Dios, mi hermano José David a quien admiro por su compromiso ministerial y al Rev. Víctor Artreche quien fuera usado por Dios para animarme en los momentos más difíciles de mi vida.

Por supuesto, no puedo dejar de dar gracias al Ministerio "The Orlando Fellowship", el cual es una organización sombrilla dentro de la Iglesia Metodista Libre. Ellos me han enseñado que no importa lo quijotesco que parezcan nuestros sueños, cada uno de ellos son posibles. Agradezco profundamente la contribución de formación tanto espiritual, histórica como misiológica a los profesores del Seminario Teológico Asbury, Dr. J. Steven Harper, Dra. Zaida Maldonado Pérez, Dr. Robert G. Tuttle, Jr., Dra. Kandace Brooks, Dr. Brian Russell, Dr. Tapiwa Mucherera, Dra. Georgina Panting, Dr. Javier Sierra, Dr. James Miller, Dr. Thomas Buchan, Prof. Bill

Patrick y el Dr. Daryl Smith por sus enseñanzas y testimonio con sus propias vidas. También a los Pastores Gaspar y Claudia Bustamante por enseñarme desde su ministerio en la República Argentina a ser fiel al compromiso de las misiones tanto local como regional y allende a los mares, a la Rev. Lizette Acosta por sus palabras de motivación para que este proyecto se convirtiese en una realidad, y a la Rev. Joanne Solís Walker, por creer en mí, dándome su apoyo incondicional en el desarrollo de la visión de Dios con el pueblo Latinoamericano en Norteamérica.

No pudiera concluir esta sección sin incluir en estas palabras de reconocimiento el espléndido apoyo de mi familia en el Seminario Teológico Asbury, Recinto de la Florida. Desde nuestro Vice Presidente Bill Tillmann, Rev. Eric Currie, Debi Andrews, Steve Williams, Rev. Dawn Smith-Salmons, Gary Jackson, Rev. Michael Shaw, Brad Wiltfang, Wes Custer, Keyla González y Brian Johnson, hasta nuestra familia de Colegio Asbury, compuesta del Dr. J. Craig Wagner, Ed Gore y Cindy Bieloh. A Dios doy gracias por cada uno de vosotros y por su contribución al desarrollo de un obrero más en la viña del Señor. Muchas bendiciones.

Prefacio

Como hijo de un pastor apasionado por las misiones crecí aprendiendo y participando acerca del trabajo misional como parte del cuerpo de Cristo. Mi padre viajaba por lo menos una vez cada dos meses desde Puerto Rico a la República Dominicana para apoyar de esta forma el esfuerzo misionero en la Provincia María Trinidad Sánchez (Nagua). También el viajó en otras experiencias misioneras a los países de Guatemala, México y Colombia donde ministró a las necesidades de muchas personas. Mientras transcurrió el tiempo y fui nutrido por las escrituras, pude comprender que el llamado de la Gran Comisión es una Santa Convocación para todo creyente en Cristo Jesús y no un simple responder a las responsabilidades ministeriales de clérigo. Esta fue la razón por la cual a la edad de 12 años respondí al desafío Divino de ser proclamador de las Buenas Nuevas de Salvación. Es decir, en respuesta a la Gracia salvífica de Cristo en la Cruz del Calvario quien murió por un pecador como yo, proveyendo perdón a mi vida por mis muchos pecados y eterna salvación, lo menos que puedo hacer por El Señor es compartir con el resto del mundo Su mensaje de paz y transformación.

Y fue en aquel leve invierno, típico de Puerto Rico en el año 1981 que José Carlos Hernández tomó la decisión de seguir las pisadas del maestro por el resto de su vida. Seguir a Jesús no es el simple acto de asistir a la Iglesia cada domingo, cantar algunos himnos y luego escuchar el sermón pastoral, el cual será olvidado una vez la persona haya puesto su primer pie fuera de la Iglesia. En mi experiencia personal, yo tomé la decisión de abrazar la realidad de que le serviría al Señor independientemente de lo imperfecto que sean los líderes de la Iglesia, no importando si mis hermanos en la fe me maltraten e injurien, o cuan terrible sea la oposición de

Satanás o del resto del mundo. Ciertamente he tenido mis luchas y flaquezas como todo el mundo. Sin embargo, yo tomé la decisión desde el instante en el cual respondí a la Gracia Divina, que seguiría Sus pasos y que sería un embajador del Reino de Dios, un mensajero del Evangelio, luz en medio de las tinieblas, y un humilde servidor de Jesucristo. Como resultado de esa decisión de fe, Dios ha puesto en mi corazón pasión por las almas perdidas quienes están en la búsqueda de saber como poder acercarse a Dios y por la educación y entrenamiento de los líderes de nuestras congregaciones.

Además de esas dos importantes responsabilidades, el Señor ha puesto en mi vida un llamado profético. Este ministerio no es tan glamoroso como suena. De hecho, han sido muchas las ocasiones que me he encontrado en controversia ya que es muy difícil hablar con una voz profética en medio de un mundo y una edad en la cual el post modernismo y el ser políticamente correcto es lo que la sociedad espera. Por lo cual a pesar de haber hecho innumerables intentos de silenciar mi voz respecto a mensajes que el Señor me ha dado, el fuego del Espíritu Santo quema mi interior a tal nivel que me impulsa a decir lo que El quiere que le diga a Su pueblo.

Por lo tanto, es con mucho respeto al liderazgo de la Iglesia Protestante Hispana en los Estados Unidos y Canadá, especialmente a los líderes eclesiásticos, que una vez más levantaré mi voz con una palabra profética. La Biblia es muy clara con respecto al rol del profeta, el cual es el de exhortar, consolar y edificar (1Corintios 14:3). Y es con esas reglas en mente y una profunda convicción de la urgencia de este mensaje que estaré expresando a usted, mi amado lector, la verdad que Dios desea que el pueblo hispano viviendo en los Estados Unidos y Canadá pueda percibir en relación a nuestra labor comisionada por nuestro Señor Jesús en amor. Esto es así debido a que el Dios al que le servimos desea que el mandato de la Gran Comisión sea comprendido y obedecido a cabalidad.

La Iglesia Hispana o Latina en los Estados Unidos y Canadá esta creciendo como nunca antes se había visto. Al crecer la población Latinoamericana en forma vertiginosa mediante los movimientos migratorios, nos hemos convertido en el grupo minoritario más grande y de más rápido crecimiento en todo el continente de Norteamérica. Como resultado, los ojos de toda una nación, desde políticos hasta las empresas mas poderosas de esta región del mundo se han fijado en nuestra comunidad, qué estamos haciendo y nuestra contribución a la sociedad en general. Hoy, tenemos a dos gigantes del mundo occidental, los Estados Unidos de América y Canadá tornando sus ojos a un grupo étnico el cual se ha convertido en una fuerza electoral y económica. Esos somos nosotros los Latinos. En el caso de la Iglesia Hispana, nosotros, los pastores del rebaño de Dios, precisamos comprender nuestra responsabilidad como líderes de este pueblo que tiene unas características únicas como hijos de nuestros países de procedencia, pero también con el resto del mundo. Por lo cual es necesario el que tengamos un plan coherente para alcanzar al mundo más allá del de nuestra cultura, costumbres y lengua en común. Después de todo, una vez hemos recibido a Jesucristo como nuestro Salvador personal, es nuestra obligación el que vayamos a todo el mundo y proclamemos, testifiquemos y declaremos Su gloria entre las naciones (Salmo 96:3), y que también los bauticemos y discipulemos.

El llamado para la Iglesia Latinoamericana en Norteamérica es para que cumplamos Hechos 1:8 a su máximo, algo que tristemente hemos sido negligentes en cumplir. Este libro no es un profundo tratado teológico; eso es para grandes personalidades que Dios usa en esa área como lo son Dr. Bob Tuttle, los Reverendos Rudy Girón y Edison Queiroz, o el Dr. Patrick Johnstone. Este manuscrito es mas bien un llamado Macedonio para la Iglesia Protestante Latinoamericana residiendo en Norteamérica para que ¡despierte!

y responda al llamado Divino cumpliendo con su destino como grupo étnico y como parte de la Iglesia global de Jesucristo. Yo creo que el propósito por el cual Dios creó al pueblo Latino es para que seamos una voz de proclamación de las Buenas Nuevas de Salvación en lugares todavía no alcanzados del mundo en los cuales nuestros hermanos Anglo-Europeos no pueden ir y ser tan efectivos como nosotros por razones políticas, económicas y militares.

Es mi oración que la Iglesia Hispana en los Estados Unidos y Canadá responda a este llamado yendo a lugares como Libia, un país Musulmán cerrado el evangelio de Jesús con un puñado de creyentes en la fe Cristiana, a la región de Darfur en el Sudán donde en este momento solo existen 0.01% de Cristianos, al país de Burma donde menos del 10% son seguidores del verdadero Dios y quienes sufren en medio de una terrible persecución por parte de la mayoría Budista, o la China, un país compuesto de 56 grupos étnicos en medio de una visitación del Espíritu Santo. En el nombre del Padre, del Hijo, y del Espíritu Santo, Amen.

Introducción

Los Estados Unidos de América ha sido el hogar de Hispanos o Latinos desde los tiempos coloniales. La conquista de la Florida por parte de España, el territorio de lo que es conocido hoy como el Suroeste de los Estados Unidos el cual fuese una vez territorio nacional de México, la anexión de Texas a la Unión Americana y la entrega de la isla de Puerto Rico durante la Guerra Hispano-Americana por parte de España a los Estados Unidos de América, han sido factores mucho antes de la gran avalancha migratoria que hemos tenido en los últimos cincuenta años de una sólida presencia Latina en este país. De hecho pudiéramos decir que quien ha forzado la migración Hispana hacia los Estados Unidos ha sido los Estados Unidos debido a las circunstancias históricas de conquistas y anexiones.

En el caso de Canadá, también la influencia Hispana se ha dejado sentir con una población de más de 700,000 personas provenientes en su mayoría de lugares como España, México, Chile, El Salvador y Perú. Esta comunidad hispanoparlante continúa creciendo a medida que el acceso migratorio hacia los Estados Unidos de América se hace más dificultoso en lograrse. La fuerza Latinoamericana en Canadá se encuentra mayoritariamente en el área de Toronto. Sin embargo, no es difícil encontrar comunidades Hispanas en otras localidades tales como Montreal, Vancouver y Calgary.

No obstante, el llamado misiológico de la Iglesia Latina en los Estados Unidos y Canadá no es tan solo por razones de aumento en la población Hispana en estos dos países. De hecho, el argumento de muchos pastores y líderes es que por la gran cantidad de Latinos que tenemos en estas tierras norteñas, Norteamérica se ha convertido en un campo misionero hispano. Lo cual es cierto en gran medida.

Sin embargo, este llamado es también para la evangelización de todas las naciones de la tierra. Nuestra comisión para predicar y hacer discípulos tiene que ir más allá de nuestra cultura, lenguaje y costumbres intrínsecas de cada grupo Hispano. En otras palabras, nuestro llamado debe de trascender la experiencia Latina o anglo-europea. Este es un llamado bíblico el cual rompe nuestros moldes culturales y cambia nuestros paradigmas religiosos.

La perspectiva Latina de misiones en los Estados Unidos y Canadá ha estado enfocada por los pasados 100 años en nosotros mismos desempeñando una labor como misioneros Latinos de alcance a otros Latinos en Centro y Sur América. Sin embargo estamos en los comienzos de una de las trasformaciones mas importantes de este siglo XXI en cuanto a la labor misionera mundial en respuesta a las grandes necesidades que tenemos frente a un llamado el cual no se puede poner en segundo lugar. Nosotros hemos estado prestando atención a la gran cosecha Hispana en Norte América, sin embargo este enfoque misiológico no es la única frontera que Dios tiene para la Iglesia Latina en este continente sino que ahora es el momento de que nosotros comencemos a cumplir Hechos 1:8 a su máximo.

Por los pasados quince años he sido un seguidor ávido del desarrollo de la Iglesia Hispana en los Estados Unidos. A pesar de que la Iglesia Latina en esta nación tiene una rica herencia proveniente de los establecimientos coloniales españoles en el sur del país, primordialmente de la tradición Católico Romana, eventualmente los grupos Protestantes también abrieron sus puertas a la población Hispana. El resultado en este siglo XXI ha sido una gran variedad de creyentes en Jesús de diferentes tradiciones, tendencias y denominaciones. Tenemos entre ellos desde Bautistas, Metodistas, Episcopales, hasta Iglesia de Dios Cleveland Tennessee, Asambleas de Dios y Wesleyanos, entre tantas otras organizaciones eclesiásticas y aún más allá de los movimientos denominacionales.

El resultado de este panorama religioso en la comunidad Hispana en Norte America ha sido el de tener una Iglesia Protestante Latina floreciente y vibrante frente a una moribunda Iglesia Anglo. Desde una pequeña plantación de Iglesia en Bentonville, Arkansas con tan solo quince personas a la mega Iglesia Ministerio Internacional El Rey Jesús en Miami, Florida la cual cuenta con más de diez mil personas en asistencia a sus servicios, las congregaciones Hispanas son las que están en estos momentos sosteniendo el crecimiento numérico de las denominaciones principales en Norte América.

Debido a los cambios demográficos que estamos experimentando en estos momentos en las cuales metrópolis de gran importancia como Los Ángeles, Toronto o New York tienen una población Latina visible, también pequeñas poblaciones las cuales no habíamos escuchado sus nombres están siendo invadidas por hispanos en cantidades inimaginables. Ciudades como Postville, Iowa, Boaz, Alabama, o Wallace, North Carolina, se han convertido en signos indiscutibles de la expansión poblacional en lugares los cuales los Latinos no habían vivido tradicionalmente. Esta expansión poblacional Latina se ha materializado en el crecimiento de las congregaciones Hispanas a través de todo el Norte de América. A pesar de que todavía tenemos en gran medida congregaciones Hispanas bajo los auspicios de congregaciones Anglos, especialmente proyectos de plantaciones de Iglesias, el indiscutible hecho es que la Iglesia Protestante Latinoamericana en los Estados Unidos y Canadá ha crecido en forma impresionante en los pasados veinte años.

Todo este avance que ha experimentado la Iglesia Hispana es el resultado de años de esfuerzo y luchas en contra de la discriminación racial, problemas financieros, las barreras de idioma, y las limitadas oportunidades de progreso y prosperidad presentadas en muchos lugares. Finalmente todo ese arrojo característico del pueblo Hispano ha pagado con creces teniendo como resultado congregaciones las cuales no le tienen que envidiar nada a las Iglesias Anglos. Esta prosperidad en la Iglesia Latina se puede medir por medio de las construcciones de santuarios de adoración, los anuncios en la radio y televisión, los programas televisados a nivel nacional, y los programas de asistencia social en las comunidades locales en las cuales están localizadas dichas congregaciones. También, como parte de esta ola de crecimiento en las Iglesias Latinas podemos apreciar como el rol del pastor bi-vocacional ha estado moviéndose a pasos agigantados a una transformación de líderes ejecutivos de congregaciones con un rol a tiempo completo en dichos ministerios. De hecho, hoy día tenemos más clérigos quienes ministran con el rango ministerial de Apóstol u Obispos que en ningún otro tiempo en la historia de la Iglesia Hispana en Norteamérica.

Un Nuevo Capítulo en la Historia de la Iglesia Hispana en Norte América

Creo firmemente que Dios ha abierto un nuevo capítulo en la historia de la Iglesia Hispana en Norteamérica. Con una gran influencia de inmigrantes tantos quienes viven aquí legalmente, como aquellos quienes no poseen la documentación requerida por los gobiernos de Estados Unidos de America y Canadá para vivir aquí con todos los derechos y privilegios de residentes permanentes o ciudadanos, Norteamérica se ha convertido en el nuevo campo misionero Latinoamericano. Teniendo como realidad que los Estados Unidos de América es el segundo país en el mundo en el que se habla el idioma Español, luego de México y al frente de Colombia, España y Argentina, el pueblo que vive en esta republica ha adoptado parte de nuestra identidad. Esto lo podemos ver en las celebraciones del cinco de mayo, el furor nacional a favor de la cocina mexicana, el aprendizaje de bailes Latinos como la Salsa y el Merengue, el crecimiento de restaurantes, salones de baile, y centros de entretenimiento o intercambio cultural los cuales han sido hasta cierto punto asimilados por esta presente generación de estadounidenses y canadienses. Un ejemplo adicional de esta realidad es los matrimonios interraciales entre Hispanas y Anglos o Latinos y Afro Americanas y en el caso de la Iglesia Latinoamericana en Norteamérica, las congregaciones para la segunda o tercera generación de Latinos viviendo en estas tierras Norteñas. Por lo tanto es importante que continuemos prestándole atención a los grandes cambios demográficos los cuales están transformando el rostro de los Estados Unidos de América y Canadá.

Sin embargo, este nuevo capítulo en nuestra larga y rica historia precisa el que se le incluya un nuevo elemento. Este es el de enviar a Latinos y Latinas quienes viven en los Estados Unidos y Canadá a los campos misioneros de Asia, África, Australia, Europa y las islas del Pacífico. Lugares como Francia, un país a punto de convertirse en una república islámica dentro de algunos años, Bulgaria, en donde la sociedad esta todavía tratando de recuperarse de los días del comunismo, o la China, lugar en donde hay una desesperante necesidad de equipar a líderes para que ellos puedan completar el círculo de evangelización de vuelta a Jerusalén.

En los pasados diez años, he visto un esfuerzo misionero para que esta visión se convierta en una realidad por parte de organizaciones misioneras como Pioneers, Wycliffe, Campus Crusade for Christ, Follow One International, COMHINA, Youth With A Mission y muchas otras agencias tanto de entrenamiento y envío de obreros al campo, como de movilización de Iglesias. Personalmente, conozco misioneros quienes en la actualidad trabajan en áreas sensitivas de Asia bajo los auspicios de Youth With A Mission y la Agencia Misionera Nexus, quienes están haciendo una magnifica labor para el Reino de Dios. Sin embargo, a pesar de estos esfuerzos, la necesidad es tan inmensa que si comparamos la cantidad de misioneros Hispanos que están en el campo, con la población de estos lugares en el mundo en los cuales la luz del evangelio no esta brillando en su total capacidad, realmente no estamos moviéndonos a la velocidad y con la urgencia que se requiere.

Por lo tanto, el objetivo primordial de este libro es el hacer un llamado Macedonio a la Iglesia Hispana en Norteamérica. Este es un llamado a una movilización total de la Iglesia Latina para que piense, planifique y trabaje en forma misiológica, mas allá de la esfera local en nuestros vecindarios o nuestros esfuerzos tradicionales en Latinoamérica. La razón de este llamado es crucial ya que nos encontramos en un momento Kairos en el cual Dios quiere usar a la Iglesia Latina alrededor del mundo en formas y maneras nunca imaginadas por nosotros. Es precisamente en este momento histórico en el cual la imagen de los Estados Unidos de América y el Reino Unido están manchadas por los acontecimientos de la guerra de Irak, el aprisionamiento de terroristas en Cuba y los errores militares cometidos en Afganistán, Dios ha preparado al pueblo Latinoamericano para esta ocasión.

Creo con todo mi corazón que a pesar de los errores que hayan cometido los misioneros estadounidenses y europeos en America Latina durante los siglos IX y XX, los frutos de estos hombres y mujeres quienes dejaron sus tierras natales para traer un mensaje fresco de salvación son vistos y cosechados en este momento. Y de la misma forma que esos siervos y siervas del Señor lo dejaron todo batallando en contra de la barrera del idioma y las costumbres culturales para traer el mensaje de Jesucristo, hoy nos toca a nosotros, la Iglesia Hispana de seguir ese ejemplo de valentía y dedicación en el mundo musulmán, los países comunistas y aquellas naciones quienes se encuentran enterradas bajo una montaña de hambruna, miseria, enfermedad, depresión y muerte, tanto física como espiritual. Por estas razones es que durante este trabajo escrito seré crítico de las cosas las cuales en mi humilde opinión la Iglesia Protestante Latinoamericana en Norteamérica tiene que remediar para poder ser Embajadores del Reino de Dios en forma efectiva. También haré comentarios incómodos en cuanto a la relación de la Iglesia Anglo en los Estados Unidos y Canadá con la Iglesia Hispana en mi deseo de que ellos puedan comprender la importancia de las alianzas estratégicas con la Iglesia Latina para de esta forma alcanzar al mundo para Cristo en una forma más efectiva. También, estaré exhortando al cuerpo de Cristo sin importar su denominación y etnia a responder a este llamado. Un llamado a las naciones de la tierra.

Capítulo I
Acuérdate de Tu Llamado
Éxodo 3:1-15

La palabra del Señor para nosotros en el pasaje de Éxodo 3:1-15 no es para que simplemente veamos la historia de cómo en forma mística un arbusto conocido como la Zarza estaba engolfado en medio de las llamas de un fuego, pero el mismo no se consumía como normalmente ocurre en un incendio. Y a pesar de que la voz que provenía de la zarza era la del Dios Todopoderoso, tampoco la primordial razón de este evento espiritual fue acerca de la voz que provenía de la Zarza. Ciertamente no tenemos como norma el que voces salgan de arbustos con la excepción de las caricaturas en la televisión y los parques de Disney. Pero por mas impresionante que sea esta parte del relato bíblico, lo cierto es que esta no es la parte mas importante de esta narrativa.

La parte mas importante de este pasaje bíblico es la del encuentro entre un Dios amoroso y compasivo con una persona la cual se encontraba completamente resquebrajada, sin ninguna autoestima, y sin ningún futuro halagador ya que su rutina diaria revolvía en atender un rebaño de ovejas que ni siquiera le pertenecían a el. Esta es la narrativa del encuentro que tuvo Moisés con Dios y el relato del llamado de un hombre al servicio del ministerio. Esta es la historia de una página nueva o un nuevo capítulo en la vida de Moisés. Y a pesar de que dicho evento ocurrió hace miles de años, todavía tiene una singular importancia y aplicación en nuestras vidas aquí y ahora ya que en la misma encontramos conexiones a nuestras propias circunstancias. Es decir, en muchas maneras pudiéramos decir que la historia de Moisés es también el relato de la historia de nuestra propia vida.

El Llamado Es Único

¿No es interesante ver cómo Dios llama a Moisés? La Biblia nos dice que Moisés ya tenía ochenta años de edad, se encontraba en el desierto cuidando el rebaño de su suegro Jetro y sin ninguna intención de que ese estilo de vida cambiaría. Aquel niño hebreo que fue rescatado de las aguas del río Nilo convirtiéndose mediante adopción en uno de los príncipes de la familia real de Egipto; quien tuvo la oportunidad de tener acceso a la mejor educación que persona alguna pudiera tener en aquella época y al poder tanto político como militar y económico mediante su familia adoptiva creía que ya lo había alcanzado todo. Pero los golpes de la vida lo llevaron a desaparecer de la vida pública egipcia. Y luego de cuarenta años en el desierto, sin casi hablar con nadie, se había convertido en una persona tartamuda y miedosa.

¿No ha visto usted como los eventos de la vida marcan a las personas? Por muchos años, como parte de mi lista de deseos estaba el poder algún día tener un Mercedes Benz último modelo estacionado frente a mi casa listo para llevarme a cualquier parte. También el tener el privilegio de que mi esposa nunca mas tuviese que preocuparse por trabajar para ninguna empresa secular quedándose en la casa si así ella lo deseaba eran algunas de mis aspiraciones mas importantes. Pero todo eso cambió un 6 de julio del año 2005 cuando nuestra hija Michelle fue picada por un mosquito causándole una encefalitis viral la cual destruyó tres cuartas partes de su cerebro dejándola en un estado vegetal. Es a partir de ese momento que la atención por obtener bienes materiales pasó a un segundo plano, convirtiéndose en una prioridad principal en nuestras vidas la sanidad de nuestra hija. Ahora lo que encabeza mi lista personal de deseos es el poder ver a mi hija sanada físicamente y que sea usada por Dios a las naciones de la tierra como ejemplo vivo de que Dios sigue siendo el mismo ayer, hoy y por todos los siglos, aunque tengamos que vivir debajo de un puente por el resto de nuestras vidas. De la misma forma creo que la mayoría de las personas son completamente distintas en su presente de lo que planificó o soñó cuando estaba en la escuela secundaria debido a los porrazos que la vida nos proporciona. Lo que a veces perdemos de perspectiva, es la realidad de que muchos de esos golpes nos doblegan al punto de que perdemos la confianza en nosotros mismos, convirtiéndonos en individuos con disfuncionalidades emocionales. Esto fue lo que precisamente le pasó a Moisés.

Sin embargo, de la misma forma que aconteció en la vida de Moisés, Dios utiliza los momentos menos imaginados para mostrarnos Su Gloria y Poder. Estos son tiempos de refrigerio espiritual en los cuales nuestro Señor nos llama dándonos una nueva oportunidad con un propósito definido, directo y especial. Esta es una oportunidad que rompe la barrera de la edad o del tiempo, imponiéndose a las imposibilidades o al quebrantamiento emocional, físico, financiero, o espiritual. Este es el momento en el que El nos dice; “No temas porque Yo te redimí. Yo te puse un nombre nuevo, Mio eres. Cuando pases por las aguas no te anegarás. Cuando pases por el fuego no te quemarás ni la llama arderá en ti, pues Yo Soy tu Salvador" (Isaías 43:1-3).

Si usted se encuentra en estos momentos como Moisés estuvo antes de este encuentro personal con el Gran YO SOY, en el cual al mirar hacia atrás y ver como han pasado los años llenas hasta las teleras de infortunios, problemas, enfermedades y frustraciones; una época en la cual usted no ha podido desarrollarse al máximo llegando no solamente a pensar, pero mas bien a creer que ya es demasiado tarde para que ocurra algo especial, algo en lo cual usted se sienta orgulloso de haber dejado como legado para generaciones futuras; déjeme decirle en este instante que Dios esta aquí y ahora para llamarle como llamó a Moisés. Este es un llamado transformador el cual trasciende las barreras nacionales, la formalidad de su educación, la capacidad económica, la fortaleza física, y la imposibilidad del tiempo, no solamente para usted, pero también para las personas que son parte de su círculo de influencia.

Sabemos que nuestro Dios utiliza momentos poco comunes y métodos no ortodoxos con el fin de obtener ese fin que tiene destinado para nosotros. El hecho de que miles de nuestros hermanos y hermanas en la fe hayan pasado por mil penurias, cruzando las fronteras de los Estados Unidos y Canadá, en búsqueda de empleo, en necesidad de un plan médico, de una casa propia, y un medio de transporte decente nos hace pensar que estamos destinados para atender las ovejas de otros por el resto de nuestra vida. Y en medio de esta vida desértica en la que pasamos de penuria en penuria sin ocuparnos por luchar en beneficio de los asuntos de discriminación racial, siendo víctimas de casos de explotación en los lugares de empleo, de vivir en constante miedo a los elementos criminales, de las autoridades gubernamentales, y de patronos abusivos, es muy fácil llegar a la conclusión de que los Latinoamericanos residiendo en Norteamérica tenemos nuestra suerte sellada de la misma forma que Moisés estaba convencido era la suya.

Ciertamente nuestro Dios no creó la enfermedad y el dolor. Todo lo que, como seres humanos sufrimos en esta existencia humana es el resultado de la herencia adámica en nosotros. Sin embargo, nuestro Dios permite el que estas circunstancias difíciles lleguen a nuestras puertas con el fin de El glorificar Su nombre en nuestras vidas. Hoy en día en nuestras Iglesias tenemos una innumerable cantidad de cristianos quienes son especialistas en cánticos, pero están vacíos en el conocimiento bíblico. Ellos desean testificar, pero no quieren pasar por el proceso doloroso antes de ver el milagro hecho una realidad. Quieren ir al cielo, pero no están dispuestos a morir. Y cuando las negras nubes cubren su cielo, y los vientos huracanados de los problemas que esta vida nos trae arrecian con todo lo que amamos y poseemos, nos rendimos convirtiéndonos en víctimas de nuestra propia mente y voluntad. Pero dentro de todas estas circunstancias Dios sigue siendo Dios y El desea usarnos por lo cual, Su llamado no se hace esperar.

Así que por un momento piense en su vida personal. En como usted llegó a estas tierras norteamericanas. Recuerde todo lo que ha sufrido y soportado para llegar a donde se encuentra en este momento. Piense también en que formas Dios últimamente le ha estado tratando de llamar la atención. ¿Cuál es la Zarza que esta ardiendo frente a usted? Por supuesto, hay personas que se preocupan más en la Zarza y en el sonido de la voz que sale de la misma, que en el comprender el mensaje que proviene de la voz. Es decir, la naturaleza humana se dedica a indagar el porque de las cosas. ¿Por qué no consigo un empleo decente? ¿Por qué no vivo en un mejor lugar? ¿Por qué la enfermedad me asedia de día y de noche? ¿Por qué no recibo sanidad? ¿Por qué no veo los cambios que urgentemente necesito por más que ore y le pido a Dios? Cada una de esas interrogantes son válidas, pero en realidad, al hacernos estas preguntas lo que estamos haciendo es prestar atención a la Zarza que esta ardiendo, en vez de escuchar a la voz de Dios que sale de en medio del fuego. Y ese es nuestro reto diario como seres humanos ya que hasta que nosotros no pongamos nuestra atención a escuchar la voz de Dios y respondamos a Su llamado seguiremos en la misma situación de desesperanza y dolor, ya que la realidad al final del día es que Dios nos esta llamando a cada uno de nosotros con un propósito único y específico, en Su deseo de hacernos vasos útiles para Su Gloria.

Hay Un Propósito Único

Dios tenía planes para usar la vida de Moisés en una forma monumental como jefe de estado, profeta, y guía de una nación desesperada por probar el sabor de la libertad, luego de cuatrocientos años de estar bajo el látigo Egipcio. Dios deseaba liberar al pueblo Hebreo de la miseria, la angustia, la desesperación y la esclavitud, llevándoles a la tierra que ya El le había dado a Abraham. Si tornamos nuestra mirada a nuestra vida presente, podremos notar que el plan de Dios con cada uno de nosotros es precisamente ese. Todavía en el siglo XXI nuestro Dios se preocupa por millones de personas alrededor del mundo comenzando en nuestros vecindarios o comunidades locales, en el estado o provincia en la que vivimos, en toda nuestra nación, y allende a los mares en lugares como Lituania o Somalia.

Si mi hermano y hermana, Dios te quiere usar a ti como líder, profeta y guía de miles de personas quienes viven esclavizados por el diablo, cuyas mentes y corazones están atados con cadenas y grilletes espirituales debido a todo lo que ofrece este mundo mediante las adicciones, el divorcio, los crímenes, las enfermedades, el desempleo entre tantas otras cosas. Por lo cual, todo esto es indicativo de que cada ser humano esta en necesidad de un libertador de ese encarcelamiento o esclavitud individual. Jesucristo dio su vida en la Cruz del Calvario para que alcanzásemos esa libertad y para que por ende pudiésemos ayudar a otros a ser también libres. Por todas las razones hasta aquí mencionadas me imagino que ya sabrás el porqué hay una Zarza ardiendo frente a ti y junto a esa Zarza la voz de Dios es escuchada. Una voz que nos llama y que espera que simplemente respondamos a esa Gracia Divina.

Una Respuesta Única

En el caso de Moisés podemos ver que ocurrieron dos clases de respuestas. Primero Moisés Dice: "heme aquí." Con esa respuesta Moisés demuestra que estaba dispuesto a escuchar la voz de Dios. Este debe ser el primer paso de cada uno de nosotros al estar frente a esa Zarza que arde frente a nosotros. En mi situación personal, cada día que nos levantamos en la mañana mi esposa y este servidor le decimos al Señor, "aquí estamos." En vez de perder el tiempo preguntándonos el porque de las cosas, nuestra actitud es la de preguntar: "¿Cuál es lo próximo Señor?" Es decir, cómo podemos responder a esa Zarza que está ardiendo frente a nosotros.

Pero por supuesto, esta actitud de dependencia en el Señor para obtener victoria y ser las personas que Dios desea que seamos batalla contra una mente finita la cual demanda explicaciones lógicas. Por lo cual, la inmensa mayoría de las personas en su batalla mental diaria cavilan constantemente tal y como Moisés lo hizo. En la batalla de las emociones tenemos una constante fuente de preguntas dirigidas a convencernos a no responder al llamado de Dios. Pudiera ser que usted se ha hecho algunas de las siguientes preguntas: "¿Quiénes somos nosotros para hacer lo que Dios desea hacer en nosotros?" "Este es un llamado muy grande y complicado." Esto es imposible de hacer porque estoy tan roto, tan humillado, sin auto estima, sin recursos para hacerlo, sin la preparación académica para poder lograrlo, con muchas enfermedades, sin dinero, y sin saber mucho de la Biblia." De la misma forma que Moisés saco su lista de supermercado de excusas, son miles de creyentes los que se levantan cada mañana y ven esa Zarza ardiendo y la voz de Dios llamándoles y la respuesta es una de rechazo o de indecisión.

¿Qué es lo que impide el que usted pueda obedecer a la voz de Dios en su vida? En el caso de Moisés era un miedo aterrador al fracaso y a la muerte. Sin embargo, Moisés pudo sobreponerse a eso y en forma reluctante obedeció a la voz de Dios. Esto es algo crucial ya que si Moisés no hubiese vencido la reluctancia, él sencillamente no hubiese obedecido a la voz de Dios y el resultado hubiese sido la historia de un pastor de ovejas que pudo haber sido un gigante pero prefirió quedarse de tamaño miniatura.

Cada uno de nosotros tendremos que vivir por el resto de nuestras vidas con las decisiones que tomemos. De hecho, las mismas no solamente nos afectaran a nosotros en el plano personal, pero también a nuestra familia y personas de nuestro círculo de influencia. Mi pregunta para usted en esta hora es: ¿Qué decisiones esta usted tomando en respuesta al llamado que Dios esta haciendo en su vida? Pregúntese a si mismo ¿Estoy siendo obediente a Dios o sencillamente estoy dejando que el tiempo pase para ver si Dios se olvida de ese llamado?

Estas preguntas mencionadas anteriormente son importantes ya que es el deseo de nuestro Señor el que respondamos a ese llamado. ¿Cómo podemos responder a ese llamado? Equipándonos. Preparándonos espiritualmente, intelectualmente, físicamente, enfocando todas nuestras energías y determinación en obedecer a la voz de Dios y llevar esa Gran Comisión con un enfoque local, regional, nacional e internacional. Nuestro enfoque no debe estar en cuan roto o humillado estamos. Ya Dios sabe esa parte de nuestra historia, y aun por encima de todas nuestras faltas e imperfecciones Dios cree en nosotros. Es por eso que El te dice en esta hora: "Yo estoy contigo." Esto debe ser mas que suficiente para nosotros movernos, porque si Dios está con nosotros; ¿Quién esta en contra de nosotros? Nuestro Dios es el Gran Yo Soy, es el Alfa y la Omega, el Principio y Fin, Dios de los cielos y la tierra. Es mi oración en este instante que si vos tenéis esta batalla mental en respuesta al llamado Divino que puedas comprender cuán importante es el sobreponernos a nuestra mente finita respondiendo al llamado diciendo: "heme aquí, envíame a mi."

Capítulo II
¿Que Nos Dice la Biblia Acerca de la Gran Comisión?

El Dr. Robert Tuttle, Jr. quién es Profesor de Evangelismo en el Seminario Teológico Asbury y mi mentor dijo en cierta ocasión; "Tu no sabes lo que significa la Biblia hasta que sepas lo que significó." Y es esta una realidad para cientos de miles de personas quienes van a la Iglesia cada domingo y en forma automática oran, cantan y escuchan la homilía o la predicación, pero no tienen una conexión entre esa persona como individuo y la palabra de Dios. A pesar de los esfuerzos realizados, tanto por denominaciones, agencias misioneras, como por expertos en el campo de la misiología, la mayoría de la Iglesia en Norteamérica ha tenido un contacto limitado con la experiencia de cumplir la Gran Comisión ya que lo que han hecho ha sido primordialmente el contribuir financieramente. Si es cierto que el aspecto financiero es una de las partes más críticas de cualquier empresa misionera, también es cierto que nunca podremos comprender el significado del mensaje-orden de la Gran Comisión hasta que nosotros mismos vayamos, le testifiquemos a este mundo lo que Dios ha hecho en nosotros, discipulemos a nuevos creyentes, y nos comprometamos a hacer todo lo que sea necesario para avanzar la causa del evangelio de Cristo, lo cual además incluye un compromiso financiero.

No obstante, la triste realidad en muchos sectores de la Iglesia Latina es el hecho de que hay pastores y líderes laicos quienes administran la grey de Dios con un entendimiento no bíblico de lo que significa la Gran Comisión. Estos líderes afirman que el esfuerzo de proclamación bíblica esta limitado única y exclusivamente al área geográfica en donde están localizadas sus congregaciones o ministerios y de tener que salir de esa localidad para otro lugar, lo mas lejos que se aventurarían a ir es hasta los países de procedencia de ellos en Latinoamérica. Para ellos, la labor de evangelización global fuera de su área conocida para ministrar recae en las manos de los Anglos. En cierta ocasión tuve la oportunidad de tener una conversación con uno de este tipo de pastor. Su reacción a la Gran Comisión es que los Estados Unidos y Canadá se han convertido en un campo misionero, por lo cual no existe ninguna necesidad de viajar fuera del país a realizar ninguna obra de ministerio y que al contrario, tenemos que ahora importar misioneros desde Latinoamérica para poder alcanzar a quienes viven en las tierras norteñas.

A pesar de ser ciertas las aseveraciones de este pastor en referencia a la mega crisis espiritual que enfrenta Norteamérica y Europa Occidental y la masiva inmigración Latina a estas tierras, estas realidades no son en lo absoluto disuasorias para cumplir con nuestra labor como la Iglesia de Jesucristo debe de hacer. Esta es una inequívoca verdad ya que al final del día ningún creyente entenderá el significado y el valor de la Gran Comisión hasta ese momento en el cual haya experimentado el ministerio de la proclamación del evangelio y el discipulado de nuevos creyentes en Jerusalén o su vecindario local, Judea o la región geográfica en donde se encuentre, Samaria o a nivel estatal y nacional y hasta los ultimo de la tierra. Por lo tanto, es tiempo ya que la Iglesia Hispana que reside en Norteamérica llegue al próximo nivel de movilización hacia una labor evangelística global.

Jesús le dijo a Sus discípulos en Juan 20:21b: "...como el Padre me ha enviado, así también Yo os envío." Jesús fue enviado en una misión redentora por la humanidad; y de la misma forma El nos ha enviado a nosotros, Su iglesia, para que de esta forma le expresemos al resto del mundo acerca este trabajo Divino a favor de la raza humana. Pero esta no es la única vez que Jesucristo nos da las órdenes para que marchemos en pos de las almas perdidas. El famoso capítulo 16 del Evangelio según San Marcos, versos 15 y 16 nos dice: "Y les dijo: Id por todo el mundo y predicad el evangelio a toda criatura. El que crea y sea bautizado será salvo; pero el que no crea será condenado." Así que este es un llamado para ir a todas las naciones de la tierra para que le hablemos acerca de la verdad del evangelio de Cristo y proclamando públicamente mediante el bautismo, la profesión de fe de aquellos nuevos creyentes. Esta escritura de Marcos, es también escrita por Mateo en los versos 18 y 19 del capítulo 28, con la única diferencia de que Mateo le añade el aspecto de la enseñanza o el discipulado a los nuevos convertidos lo cual es crucial en el desarrollo espiritual de todo cristiano.

Por supuesto, mas adelante en las escrituras el pasaje bíblico mas mencionado por los misiólogos, Hechos 1:8b; "...y me seréis testigos en Jerusalén, en toda Judea y Samaria, y hasta los confines de la tierra." Este mandamiento es claro y específico. Hemos recibido una orden de declarar el mensaje de Salvación en Jerusalén (localmente), Judea y Samaria (regional y estatal) y hasta en los mas remotos lugares de la tierra, lo cual en nuestro contexto aquí en Norteamérica pudiera ser la China, Marruecos, o Uzbekistan. Este es un mandato balanceado. Es decir, nuestra labor evangelística tiene que ser local, regional, nacional y allende a los mares en forma simultanea. Este es precisamente el problema de la Iglesia Hispana en los Estados Unidos y Canadá, ya que la inmensa mayoría de las congregaciones Latinas tienen programas fuertes, muy bien diseñados con el único propósito de alcance local, olvidándose de los aspectos de alcance más allá de las comunidades locales y aun de los grupos étnicos no Latinos quienes viven en estas tierras norteñas.

El tener a una Iglesia Latina en Norteamérica haciendo un esfuerzo misionero de alcance único a otros Latinos a nivel local o quizás a otras personas en nuestros países de origen no es precisamente lo que Jesucristo tenía en mente para nosotros como parte integral de la Iglesia. Lo que mas bien Jesús tenía y tiene en mente es un esfuerzo holístico diseñado a alcanzar a gentes de toda lengua y raza quienes viven cerca de nosotros y lejos en lugares recónditos y difíciles de llegar. De no ser así, la bendición del evangelio cristiano permanecería solamente a nivel personal y local. Es decir, la proclamación del evangelio es un costoso asunto global en términos de esfuerzo, energía, sacrificio, tiempo, dinero y en muchas instancias hasta la vida física.

Tengo que decir esto con un corazón cargado que la Iglesia Latinoamericana en los Estados Unidos y Canadá ha fracasado en el esfuerzo de movilizarse y tener una fuerza misionera considerable en los campos fuera del continente Norteamericano. En cambio los planes de nuestras congregaciones son los de construir santuarios magnificentes los cuales igualarán a los construidos por las Iglesias Anglos. Queremos tener las alfombras más caras, los sistemas de sonidos más modernos y el mejor sistema de aire acondicionado que exista en el mercado para nuestras edificaciones. Nuestra prioridad es la de asistir a conciertos cristianos en los cuales nuestros "artistas cristianos" nos harán cantar y levantar nuestras manos en favor de las naciones de la tierra, siempre y cuando nosotros no vayamos. También es nuestra primacía el enfocarnos lo mas que podamos en nosotros mismos en vez de en las otras personas, lo cual es una manera egocéntrica de vivir una vida cristiana. Aún pequeñas congregaciones se mueven y operan basado en lo que pueden ver físicamente viviendo, actuando y moviéndose en un constante estado de sobrevivencia. Estos son ministerios en los cuales es más importante pagar el alquiler del lugar de reunión, que tener un plan estratégico misionero, colectar una ofrenda para algún misionero en el campo un par de veces al año o enviar un correo electrónico tan siquiera una vez al mes a trabajadores nuestros quienes están en lugares recónditos los cuales no tienen acceso a nuestra cultura, gente y calor Latinoamericano.

En general, lo que vemos es una creciente Iglesia Hispana en Norteamérica celebrando servicios ensayados pero sin ninguna tangible experiencia en sus corazones y mentes acerca de la Gran Comisión. Mientras tanto, frente a nosotros tenemos una gran crisis. Tenemos a un tercer mundo el cual no ha sido alcanzado en su totalidad con el verdadero mensaje de Dios. David S. Lim menciona en su libro "La Iglesia Asiática y la Misión de Dios" lo siguiente: "...la iglesia ha fracasado en el moverse fielmente de acuerdo al plan que nuestro Señor diseñó para la evangelización mundial" (Ma 195).

Consecuentemente, la Iglesia Latina en Norteamérica tiene que levantarse para la ocasión y comenzar a darle un verdadero significado a la palabra de Dios. Nuestro negocio es el de salvar vidas. Si nosotros fracasamos en el aspecto central de nuestro llamado, el cual es la proclamación del evangelio de amor, misericordia y redención de Jesús, entonces no deberíamos llamarnos seguidores de Cristo. En tiempos como los que vivimos en esta época, en los cuales personas en otras partes del mundo están siendo martirizadas por causa del evangelio, lo menos que la Iglesia Hispana en Norteamérica puede hacer viviendo y ministrando en la zona geográfica mas libre del planeta para la proclamación de la palabra de salvación es el apoyar a nuestras hermanas y hermanos en el esfuerzo de alcanzar al mundo para Dios.

Capítulo III Más Allá de Latino América

William M. Pickard, Jr. dijo: "La fe cristiana ha sido y siempre será una fe evangelística y misionera" (Pickard, Jr. 1). La evangelización mundial es parte central de nuestro ADN como creyentes en Cristo Jesús y de la Cruz. Cada creyente cristiano independientemente de su tradición denominacional, en un momento u otro, ya sea recibiendo un entrenamiento, escuchando un sermón, una canción, o una presentación acerca de la importancia de compartir nuestra fe con el resto del mundo es instado a ser luces en medio de las tinieblas. Uno de esos resultados vistos hoy es el hecho de que más del 70% de los cristianos del mundo entero, entre católicos y protestantes, viven al sur de Canadá y los Estados Unidos.

Lamentablemente, muchas de las personas de esta generación las cuales se declaran cristianas están viviendo una vida bajo la influencia de este mundo. Ellos piensan que la Iglesia no tiene que compartir el evangelio de Jesús mediante la evangelización y la labor misionera ya que esto pudiera ofender a otras personas. De hecho, en un medio ambiente pluralista religioso como en el que nos encontramos hoy aquí en los Estados Unidos y Canadá, muchos "cristianos" se han apartado del camino verdadero en gran medida ya que han cambiado la responsabilidad de proclamar a Jesucristo por ideas post modernas, antropológicas, humanistas seculares las cuales son como las canciones de moda, que hoy resuenan por todos lados y mañana nadie se acuerda de ellas. De acuerdo a la Cooperación Misionera de Hispanos de Norte America (COMHINA), existen alrededor de 350,000 iglesias, de las cuales unas 30,000 son Hispanas. En el caso de las congregaciones Anglos podemos apreciar que cuatro de cada cinco congregaciones se encuentra en decline y se estima que entre tres mil quinientas a cuatro mil congregaciones cierran sus puertas cada año. El año pasado, la mitad de las congregaciones en los Estados Unidos no añadió ni tan siquiera un miembro a sus listas de membresía y por el contrario, perdieron casi tres millones de personas al secularismo.

Ante esta realidad, el Dr. Robert Hunt dijo: "Las comunidades cristianas, especialmente las que se encuentran en Norteamérica y Europa Occidental están experimentando una crisis de identidad. Ellas no pueden ya articular que realmente son, cómo relacionarse los unos con los otros y con su pasado, o su continua existencia corporal" (Hunt 181). Sin embargo, este no es el caso de la Iglesia Latinoamericana en Canadá y los Estados Unidos de America. Nosotros junto a otros grupos minoritarios somos el cincuenta porciento del crecimiento que existe en la Iglesia Norte Americana.

A pesar de la tradicional lealtad de la comunidad Latina a la Iglesia Católica Romana, la realidad presente nos indica que el lado protestante de la Iglesia Cristiana esta ganando terreno en forma impresionante. Este es el resultado de un esfuerzo designado a evangelizar y alcanzar en forma agresiva a personas quienes se autodenominan Católicos Romanos, pero que realmente son seguidores nominales de esa tradición de fe quienes no asisten a ninguna iglesia. De hecho, la historia de la Iglesia Protestante Hispana en Norteamérica es la secuela a la ocurrida en Centro y Sur America a comienzos del siglo XX en los cuales la mayoría de las personas tenían una existencia cristiana nominal sin ningún fundamento genuino. Se llamaban así mismos "Católicos Romanos", pero sin tener ninguna idea del significado del ser parte de ese movimiento de fe. Solamente había unos 11 mil evangélicos protestantes. Hoy la fuerza protestante en Latinoamérica es de más de ochenta millones de cristianos comprometidos quienes proclaman el mensaje de Cristo.

Si usted observa a la Iglesia Protestante Hispana desde el contexto cultural usted encontrará con raras excepciones una Iglesia vibrante lista a proclamar el mensaje de las Buenas Nuevas de Salvación a otros Latinos en sus comunidades o enclaves. El resultado es una Iglesia en una explosión de crecimiento, especialmente en los Estados Unidos de América. Sin embargo, si usted mira este cuadro mucho mas cerca podrá usted realizar que el esfuerzo hacia personas con un pasado Católico Romano no es uno muy difícil ya que los Católicos Romanos creen en el Padre, Hijo y Espíritu Santo, como Dios Trino, en el nacimiento virginal de Jesús, en que Jesucristo es el Salvador de la humanidad mediante su acto redentivo en la Cruz del Calvario, en Su resurrección de entre los muertos y Su segunda venida, entre otros artículos esenciales de la fe cristiana. Si a este factor le añadiéramos la realidad de que existen otros aspectos tales como el idioma y muchas de las tradiciones y costumbres culturales en común entre nosotros como Latinoamericanos el resultado lógico es el ministrar a nuestra gente tanto aquí en las ciudades donde residimos en Norteamérica como en nuestros países de origen. Esta es una labor de gran importancia, la cual apoyo sin reservas ya que tenemos una responsabilidad con la gente de nuestra casa mediante la predicación del evangelio, la labor social, el entrenamiento de pastores y lideres, y la cooperación misionera por encima de las barreras denominaciones, no solamente en Norteamérica, pero también en todo el territorio que comprende desde Tijuana hasta Tierra del Fuego. El resultado de lo expresado arriba se ha convertido para nosotros como Latinos y Latinas viviendo y ministrando a otros en Norteamérica en una mezcla de diferentes expresiones de acuerdo a cada país Latinoamericano con un toque Anglo. Como dijo Fernando F. Segovia; "La teología Hispanoamericana en los Estados Unidos es una rica matriz, en la cual dentro de la misma se pueden encontrar variedades de espectros, de expresiones distintivas y una voz teológica complicada abarcando una gran variedad de inflexiones" (Díaz-Segovia 195).

Personalmente viajo frecuentemente a Latinoamérica con el propósito de ministrar en congregaciones, en cárceles y para proveer entrenamiento a pastores y lideres laicos. Creo que es importante el que nosotros continuemos nuestra asociación con ministerios, denominaciones, y congregaciones quienes aprecian nuestro apoyo. Particularmente en las grandes ciudades como Lima, Buenos Aires, ciudad de México, Quito, Bogota, San José, entre otras tantas en donde es significativa la necesidad de que apoyemos el esfuerzo de alcance a millones de personas quienes viven en las calles, consumidos por las adicciones y los problemas económicos y sociales los cuales han llenado de desesperanza y ha resquebrajado la fe en tantas vidas.

Sin embargo, ese espíritu evangelístico característico de Latinos hacia Latinos tanto en Norteamérica como en Latinoamérica, no se ha traducido en un esfuerzo de evangelización de proporciones globales. Esto es debido a que la inmensa mayoría de la Iglesia Hispana en los Estados Unidos y Canadá no tiene un plan misionero coherente para alcanzar a personas de otras nacionalidades o culturas fuera de la cultura iberoamericana. Y como resultado tenemos una fuerza misionera Latina desde Norteamérica anémica y un plan de movilización de iglesias hacia la cosecha en Asia, África, las islas del Pacífico y Europa virtualmente no existente. Lo cierto del caso es que la Iglesia Hispana en los Estados Unidos y Canadá disfruta tener entre ellos a misioneros que vengan desde la China o Pakistán. Ellos aman el poder escuchar los poderosos testimonios de las cosas que el Señor esta haciendo en esa parte del mundo y al final del servicio levantarán una ofrenda para ayudar en ese instante la labor de ese misionero. Sin embargo, la proposición de enviar a uno de los miembros de su congregación local a la China suena abstracto en la mente de los congregantes.

Siempre recordaré la historia de un misionero Hispano en Camerún. Cuando fue a salir para el campo, su pastor oró por el y por su familia y ese fue el final de la historia. Su congregación local nunca se sentó con el y su esposa para platicar acerca de ese llamado en África, ni capturaron la visión por las almas perdidas fuera del contexto Hispano. Tampoco le ayudaron a levantar los fondos para esta obra de fe ni apoyaron a esta familia emocionalmente durante este proceso de dejar a su gente para entrar en una nueva cultura con costumbres e idioma diferentes a los de ellos. Pero lo que si, el pastor local hizo, cuando llegó la convención anual de la denominación, fue anunciar que su congregación tenía un misionero en Camerún; a pesar de que este pastor nunca le envió ni tan siquiera un correo electrónico desde que la familia misionera había salido del país. Este es un ejemplo perfecto de cómo la Iglesia Latina en Norteamérica sigue pensando en términos locales y cuando uno de los nuestros recibe el llamado para ir a lugares los cuales no estamos acostumbrados a ver Hispanos ministrando, sencillamente no la apoyan ya que en la mente Latina es inconcebible el ir hasta lo último de la tierra cuando existe tanta necesidad en nuestra comunidad local.

Pero aún más, lo que me llama la atención es que esta falta de visión global en cuanto a las misiones y el esfuerzo evangelístico hacia todas las naciones de la tierra, es el hecho de que en términos generales es una circunstancia particular de los Hispanos que residen en los Estados Unidos de América y Canadá. Un ejemplo de esto lo es la Iglesia Comunidad del Encuentro en Buenos Aires, Argentina. Esta es una congregación pequeña con alrededor de unas cincuenta personas, casi todos ellos provenientes de Bolivia. Pero por que sean una pequeña congregación, eso no quiere decir que ellos no van a envolverse en la labor de evangelización mundial. Hasta este momento ellos tienen siete misioneros en Asia y otras partes del mundo.

Hoy, de acuerdo a una información proveniente de la Cooperación Misionera Iberoamericana (COMIBAN), para el año 1997 la fuerza misionera iberoamericana era de alrededor de cuatro mil personas con un sesenta porciento de ellos sirviendo fuera de Latinoamérica. Hace unos tres años atrás, esos números estaban en más de diez mil misioneros alrededor del mundo. Por lo cual, que estoy seguro, ellos tendrán una magnífica representación durante la celebración de los cien años de la Conferencia Misionera de Edimburgo. Es para mi un inmenso gozo el poder viajar y encontrarme con misioneros Mexicanos, Colombianos, Venezolanos, y Puertorriqueños sirviendo como obreros en la gran cosecha de la ventana 10/40.

El Complejo de las Langostas

Creo firmemente que Dios le ha dado a la Iglesia Latinoamericana que reside en Norteamérica la agenda de movilizar congregaciones para así poder cumplir con el mandato de la Gran Comisión a nivel mundial; lo cual es algo que debemos de hacer más allá de nuestra zona de comodidad al sur de nuestra frontera. Es por lo tanto crucial, que batallemos en contra de lo que el Rev. Rudy Girón denomina como "el complejo de las langostas" en la vida de muchos cristianos aquí en Canadá y los Estados Unidos. La Biblia nos dice en el verso 33 del capítulo 13 del libro de Números lo siguiente: "Vimos allí también a los gigantes (los hijos de Anac son parte de la raza de los gigantes); y a nosotros nos pareció que éramos como langostas; y así parecíamos ante sus ojos." Si usted lee todo el capitulo 13 podrá encontrar allí la historia de los espías enviados por Moisés a la tierra prometida. A su regreso, ellos trajeron consigo algunos de los frutos de la tierra para demostrar la abundancia que había en ella. Pero también trajeron un espíritu de temor. De los doce espías que habían ido a indagar acerca de la tierra prometida solamente Josué y Caleb estaban dispuestos a ir y capturar todo el territorio que Yahvé les había dado, mientras que los 10 restantes infundieron temor en el resto del pueblo. En sus mentes ellos se sentían como langostas (saltamontes) comparándose con el tamaño de los gigantes que moraban en estas tierras. El temor trajo duda acerca de la promesa Divina y como resultado toda la nación Hebrea pecó en contra de Dios. Como consecuencia de este pecado, el pueblo de Israel tuvo que vagar por el desierto durante cuarenta años hasta que toda aquella generación, con la excepción de Josue y Caleb, pereciera allí.

Hoy, tenemos una Iglesia Latina en los Estados Unidos de America y Canadá atemorizada de conquistar lo que ya Dios nos ha dado. Como he mencionado anteriormente, la mayoría de las congregaciones Hispanas en estas tierras del norte disfrutan grandemente el escuchar los testimonios de los milagros, sanidades, y actos sobrenaturales que Dios continua haciendo en medio de la persecución, encarcelamiento y muerte en lugares como Marruecos, Arabia Saudita, Indonesia, India, o Angola. Pero el que ellos se envuelvan como congregación en esta cosecha es una proposición completamente diferente. Cuando son invitados para ir a lugares como los ya mencionados arriba, sus corazones se inundan de pavor viendo el ministerio en esos lugares como algo imposible de lograr por hispanos. Las barreras de idiomas, costumbres, y estilo de vidas son diametralmente opuestas a las nuestras. Además, el prospecto de sufrir persecución, encarcelamiento y posiblemente la muerte no es algo que apele a nuestros gustos al momento de recibir la invitación a unirnos al Ejército de Dios fuera del estilo de vida que hemos adoptado en Norteamérica con empleos decentes, aire acondicionado, automóviles, hogares seguros, la libertad de expresión y la libertad de religión.

Lo cierto es que la Iglesia Latina en Norteamérica, en su mayoría, no esta dispuesta a servir en localidades alrededor del mundo donde no se han alcanzado comunidades enteras con el mensaje del evangelio de Cristo. Para ellos, el servir al Señor en localidades desconocidas de nuestro planeta es algo muy complejo y difícil. Ellos están atemorizados a problemas comunes de este tipo de empresa como el aspecto emocional al estar alejados de su familia y comodidades, el vivir con recursos económicos limitados, el riesgo de no poder encontrar un empleo adecuado, entre otras inconveniencias. Irónicamente, estas contrariedades mencionadas aquí las hemos pasado cuando dejamos nuestro país para establecernos en estas tierras norteñas, dejando atrás nuestras familias y tierras para batallar en un lugar diferente y frío, con un idioma y costumbres diferentes a las nuestras, con un índice criminal en nuestras comunidades el cual pone en peligro nuestras vidas y batallando día y noche por tener los ingresos económicos necesarios para poder tener un techo digno sobre nuestras cabezas.

Es mi conclusión, después de poder observar silenciosamente a la Iglesia Hispana en los Estados Unidos por los últimos quince años, que la complacencia y el miedo de perder todo lo que hemos adquirido aquí con tanto esfuerzo y sacrificio nos ha llevado a convertirnos en nuestros propios enemigos sin el arrojo para conquistar el territorio que Dios nos ha prometido dar. Es en esta encrucijada espiritual que Dios le dice a la Iglesia Latinoamericana en Canadá y los Estados Unidos de América que a pesar de toda su complacencia y excusas, la misión que El nos ha dado sigue en Su lista en el primer lugar. Jesús nos pregunta en esta hora; "¿Qué estás haciendo con los talentos y habilidades que yo he puesto en ti? ¿Hasta cuándo continuaras claudicando entre dos pensamientos, entre si respondes al llamado de predicar este evangelio, bautizando y discipulando a esos nuevos convertidos o quedarte disfrutando del servicio de adoración dominical y luego ir al restaurante favorito para llenar tu estomago al punto de tener gula?¿Cuándo despertarás a la realidad de que la mies es mucha y los obreros pocos para este trabajo final?"

¿Cómo puede la Iglesia Hispana en Norteamérica responder a este llamado? Simplemente como lo hizo la Iglesia Apostólica en el primer siglo. El autor David Shibley escribió lo siguiente: "Cuando toda la Iglesia lleve en sus hombros la carga apostólica de alcanzar sus regiones y aun mas allá, un nuevo avance de esfuerzo apostólico estará en el horizonte" (Shibley 175). Por lo cual la Iglesia Latinoamericana en Norteamérica, como parte integrante del cuerpo de Jesucristo, tiene la obligación de ser parte de los que andan llorando cargando la semilla del evangelio en todas partes ya que es la única forma en la cual este llamado apostólico es llevado al resto del mundo.

Dios va a llamar a cuentas a los mas de nueve millones de Latinos Cristianos Protestantes que viven estas tierras norteñas por su negativa de responder a la responsabilidad misionera y evangelística más allá de nuestra esfera de influencia. Tenemos a una tercera parte del mundo el cual no ha sido alcanzado y solamente un ocho porciento del total de misioneros que existen en el campo están laborando en esas tierras. Eso significa que el 92 porciento de la fuerza misionera se encuentra en Norte, Centro y Sur América y algunas localidades en Europa y el Sur de África. Dios llama a la Iglesia Latina en los Estados Unidos y Canadá a que responda a este llamado Macedonio para de esta forma tener un ministerio balanceado en su avance proclamador con las Buenas Nuevas de Salvación. Por lo tanto, es hora de que la Iglesia Hispana sacuda de su cuerpo ese complejo de la langosta (saltamontes) y se enfoque en ganar para Cristo a tantas vidas en necesidad de El a nivel local, regional, nacional e internacional. Como dijo David Shibley: "Estoy comprometido en ser parte de la generación de Caleb, la cual dice, ¡dame esa montaña! Hay mucho mas territorio que alcanzar para Su Gloria" (Shibley 65).

Capítulo IV Respondiendo al Llamado

En este perentorio momento en la historia de la Iglesia Cristiana Protestante en los Estados Unidos de América y Canadá es significativo observar el hecho de que la Iglesia Anglo no ha hecho un buen trabajo en animar a las congregaciones Hispanas a ser 100 porciento misiológicas. Quizás usted se pregunte; Reverendo Hernández, ¿cómo es posible que usted haga tamaña acusación? Pues, es muy simple. La Iglesia Latina a estado dependiendo de la Iglesia Anglo desde los comienzos de ministerio a los Mexicanos en la frontera sur de los Estados Unidos de América. De hecho, hasta el día de hoy la Iglesia Hispana en algunas circunstancias todavía depende de la Iglesia Anglo, especialmente si es una plantación de Iglesia. Sin embargo, a excepción de algunas denominaciones, organizaciones y agencias misioneras, la gran mayoría de las organizaciones eclesiásticas Anglos todavía siguen visualizando y tratando a la Iglesia Latina como si fuese aquella pequeña bebé luchando por sobrevivir a finales del siglo IX. Mi estimado lector, tengo noticias para vos. Esa niña ha crecido y está lista para ir y hacer la obra de ministerio con el apoyo de la madre, lo cual en esta analogía la madre es representativa de la Iglesia Anglo. Un apoyo traducido en entrenamiento, apoyo financiero, y oración, proveerán una fuerza imparable dentro de un contexto Hispano.

Por las razones que sean, el apoyo necesario para que la Iglesia Latina se mueva por parte de la Iglesia Anglo no está fluyendo de la forma que debería manar. Como resultado, la actitud de la Iglesia Hispana es la de hacer el trabajo local de ministerio y en forma abierta dejar que los "hermanos gringos" continúen haciendo el esfuerzo misionero en el exterior. Ante esta realidad, la Iglesia Anglo debe de comenzar a apoyar el trabajo de la Iglesia Latina en una forma diferente de lo que han estado haciendo por los pasados cien años. Es tiempo de que ambos grupos comprendan más allá de toda duda que Dios ha llamado a ambos grupos para ser faros en medios de las tinieblas en todo el mundo. Os Guiness en su libro titulado "El Llamado" nos dice lo siguiente: "Como seguidores de Cristo hemos sido llamados para estar al frente de lo que hemos sido llamados a hacer y nuestro llamado tanto para estar como hacer es completado únicamente al ser llamados por El" (Guiness 243). Teniendo esto en mente, tanto los sectores Anglos e Hispano de la Iglesia en Canadá y los Estados Unidos debemos de operar en conjunto a favor de las almas que se pierden; teniendo claro en nuestro entendimiento la realidad de que un día seremos llamados a la presencia de la Divinidad en donde recibiremos el glorioso premio de la victoria.

Capítulo V El Factor de la Glocalización

Como Metodista Libre he escuchado en un sin fin de ocasiones referencias a las palabras "El Mundo Es Mi Parroquia" dichas por el Reverendo Juan Wesley. Las mismas tienen un significado teológico de incalculable valor ya que las mismas están fundamentadas en las escrituras. Si usted por un momento reflexionara en el pasaje de Juan 3:16 podrá sin duda alguna ver allí que el mundo es la parroquia de la Iglesia de Cristo. Dios amó y continúa amando al mundo. El nos ama en su totalidad. De hecho esta escritura es una confirmación más de lo que podemos leer en las escrituras acerca del "Missio Dei." Como dice Christopher J.H. Wright; "Tanto el evangelio como la misión comenzaron en Génesis, y ambas están localizadas en la intención redentora del Creador de bendecir a las naciones como parte del pacto de Dios con Abraham" (Wright 328). Consecuentemente la misión de Dios ha sido con un propósito global desde el principio de los tiempos.

Nosotros, la Iglesia Hispana en los Estados Unidos y Canadá

hemos recibido en nuestras vidas al mismo Espíritu Santo que descendió sobre los ciento veinte reunidos en el Aposento Alto (Hechos 2:1-13). Hemos sido comisionados por el mismo Dios que comisionó al primer grupo de creyentes quienes fueron testigos de la ascensión de Jesús al Cielo. Y también tenemos los mismos retos que enfrentó la Iglesia del primer siglo a pesar de que nosotros tenemos la bendición de tener una avanzada tecnología y ciertas comodidades no existentes para los primeros creyentes. Por lo tanto nuestra experiencia de evangelización tanto local como global requiere una urgencia sin igual pasando la barrera de nuestros grupos étnicos y trascendiendo a otras razas y culturas quienes viven tanto cerca de nosotros en estas tierras norteñas como en otras localidades alrededor de este planeta.

Teniendo nosotros aquí en nuestros vecindarios locales gentes de todas las naciones de la tierra quienes han hecho exactamente lo que nosotros hicimos; esto es, salir desde nuestros países con el fin de proveer una mejor vida a nuestras familias, disfrutando de las libertades y prosperidad que lamentablemente no gozamos en nuestros lugares de procedencia, nosotros la Iglesia tenemos el mandato de alcanzarles con las Buenas Nuevas de Salvación. Desde el momento en que se fundó la República de los Estados Unidos de América, los enclaves étnicos han sido tan parte de esta nación como la misma constitución. Ingleses, Escoceses, Galenos, Africanos, Irlandeses, Polacos, Judíos, Italianos, Escandinavos, Japoneses, Filipinos, Chinos y Mexicanos, entre otros tantos grupos étnicos constituyen la diversidad única que posee el Continente de Norteamérica reflejadas en los tres países que han poblado estas tierras. El resultado de todo esto es el tener la bendición de poder ministrar a gentes de todas las nacionalidades de este planeta sin tener que salir de nuestras fronteras nacionales. Esta es la razón por la cual misiólogos han adoptado el termino "Glocalización."

Glocalización es un término que tiene sus raíces en el mundo secular nacida de las prácticas comerciales de empresarios Japoneses durante la década de 1980 y popularizadas por el sociólogo y experto en asuntos globales Roland Robertson. Hoy, misiólogos y muchas congregaciones en América han abrazado este concepto con el fin de responder al llamado de la Gran Comisión. Esta es la idea: una Iglesia local tiene que ser una Iglesia global. Por lo tanto, la Iglesia no tiene otra opción sino ser "glocal" para poder de esta manera obedecer al mandamiento de la Gran Comisión. Un ejemplo de esto lo podemos ver en un artículo escrito en la revista Christianity Today acerca del trabajo realizado por la Iglesia Northwood en Keller, Texas y su pastor, Reverendo Bob Roberts. Este ministro ha plantado más de cien congregaciones y cada una de ellas está conectada a una visión global. Parte de este concepto es el entendimiento de la idea de que es más efectivo el tener una región de Iglesias que una Iglesia regional. El resultado final ha sido el tener congregaciones no solamente con una visión local, pero una por el mundo entero.

Un Ministerio Balanceado en la Iglesia Hispana en Los Estados Unidos de America y Canadá.

En esta etapa de desarrollo de la Iglesia Cristiana Protestante en el siglo XXI es crítico el que el movimiento Latinoamericano en Norteamérica comprenda a plenitud la idea de que una congregación que no participa en la dimensión global del esfuerzo misionero y evangelístico, eventualmente dejará de crecer y estará atascada en los recuerdos de pasadas glorias. Un ministerio eclesiástico Latino balanceado precisa tener en un lado sus raíces establecidas en el ministerio local comunitario alcanzando a las personas que viven en nuestros vecindarios, ayudando en el proceso de restauración de familias, extendiendo una mano amiga al pobre mediante programas de ayuda social designados a mejorar su calidad de vida y como un faro de luz con una voz profética en defensa de aquellos quienes no pueden hablar por si mismo. Por el otro lado, esta congregación local tiene que trabajar con un entendimiento global del trabajo de Dios a través de Su pueblo alrededor del mundo. El resultado de una congregación que opere con ambos aspectos tendrá como resultado una Iglesia que glorifica a Dios mediante la interacción del ministerio local y global.

La Iglesia Hispana en Norteamérica es capaz de lograr esta meta de establecer congregaciones "glocales" mediante la total movilización del laicado con una visión global. En otras palabras, el propósito de la Iglesia Latina en Norteamérica así como del Cuerpo de Cristo en general es el de ganar a todo el mundo tanto a nivel local como internacional siendo una Iglesia de impacto donde quiera que esté y vaya, trascendiendo todo impedimento o limitaciones impuestas por sociedades, culturas o nacionalidades. Siendo una Iglesia que testifique al mundo acerca del Dios poderoso que servimos. Un Dios que está aquí y ahora mediante Su Espíritu Santo para obrar en nuestras vidas, produciendo cambios de personas arrepentidas, perdonadas y lavadas por la sangre del Cordero de Dios. Como dijo el Dr. Robert G. Tuttle, Jr.; "Dios nunca esta sin testigos, y está siempre obrando en el mundo" (Tuttle 416).

Es interesante recalcar que a pesar de todos los logros a nivel local obtenidos por la Iglesia Hispana en Norteamérica, muchas de estas congregaciones han caído en la trampa que ha postrado a la Iglesia Anglo. Esto es el concepto de que los números son más importantes que la labor de ministerio. De la misma forma que cuantiosos pastores Anglos, tenemos clérigos Hispanos quienes en términos generales están mas preocupados por la asistencia a los servicios, el crecimiento numérico y de ingresos financieros en sus congregaciones que en responder al llamado que Dios les ha dado.

Estos individuos se han olvidado de que Dios les ha llamado a ser fieles a El como agentes de cambios en las vidas de las personas sin importar la nacionalidad, color de piel, idioma o lugar de procedencia y no a preocuparse por cifras matemáticas.

El resultado de tener ministros dedicados a construir sus propios reinos en vez de estar dedicados a construir el reino de Dios a llevado a la Iglesia Latinoamericana en los Estados Unidos y Canadá a tener una Iglesia con una visión local relegando todo lo demás a un segundo plano. Una congregación "glocal" es una Iglesia preocupada con el aspecto transformacional del individuo no en una comunidad, pero en todas las comunidades donde ella vaya ya que su llamado es para transformar comunidades con el poder de la palabra de Cristo bajo la unción del Espíritu Santo. Cuando tenemos congregaciones abarrotadas de personas quienes luego de haber sido discipuladas, se sientan en las bancas de la Iglesia sin ningún tipo de envolvimiento ni compromiso a la labor de ministerio, sencillamente tenemos que declarar que dicha congregación está en medio de una crisis espiritual. Dios no nos ha llamado a que estemos disfrutando de la bendición del estudio de las escrituras y del proceso de discipulado, engordando espiritualmente para luego no hacer nada por la causa de Jesucristo. Nosotros nos convertimos en una Iglesia "glocal" en el momento en el cual el pastor despliega una visión global a una congregación local y la membresía captura esa visión siendo enviados al mundo con el fin de ganar almas para el reino de Dios. Esto es así ya que nuestra responsabilidad es la de expandir el reino de Dios. De los resultados de esa labor se encargará el Señor quien no tiene la necesidad de gratificación personal ya que El esta completamente seguro de quién es El.

Capítulo VI
Educación y la Iglesia Latina

Uno de los desafíos retadores en la Iglesia Latinoamericana del siglo XXI es la educación y preparación de sus líderes. Como parte del personal del Seminario Teológico Asbury en el Recinto de Orlando, Florida, he podido ver más de cerca la crisis que tenemos, la cual categorizo sin exageración alguna como una de proporciones descomunales. Si echamos un vistazo a nuestras raíces en nuestros países en México, Centro y Sur América podremos observar lo atrasado que se encuentra la formación teológica para pastores, evangelistas y líderes Protestantes. A pesar de que Latinoamérica cuenta con Seminarios en las ciudades más importantes, la realidad del caso es que los mismos no tienen los recursos ni la capacidad económica de aceptar en sus aulas la inmensa demanda de estudiantes a quienes ellos desearían tener en sus recintos.

Con la migración de miles de Latinoamericanos a los Estados Unidos y Canadá, tenemos entre ellos cientos de líderes sin ninguna preparación teológica formal quienes al no poder tener la capacidad económica para poder sufragar los exagerados costos de formación teológica en las instituciones acreditadas de Norteamérica, la instauración de pequeños Institutos Teológicos, Colegios Bíblicos y Seminarios no acreditados están por todas partes como restaurantes McDonalds con el fin de saciar la sed de aprendizaje en el campo de estudios pastorales, consejería, y estudios bíblicos. El resultado final es un grupo limitado de nuestros líderes con una preparación teológica de excelencia mientras que la vasta mayoría de ellas y ellos son estudiantes en instituciones las cuales pueden ser muy buenas, pero no tienen el reconocimiento necesario para poder tener un grado académico aceptable entre las más importantes denominaciones. En mi opinión esta realidad es crucial debido a que precisamos de una Iglesia Hispana Protestante capaz de articular este mensaje no solamente a los Católicos Romanos nominales, pero a los Musulmanes, Budistas, Hinduistas, y seguidores de otras religiones las cuales demandan credenciales de calidad al momento de haber un dialogo franco y una apologética de la fe cristiana de excelsitud.

Por el otro lado, tenemos aquí en Norteamérica instituciones teológicas completamente acreditadas quienes proveen un sólido fundamento en la mecánica de la hermenéutica y homilética. No obstante, no tienen una buena base misiológica teniendo como resultado estudiantes que se gradúan sin ninguna urgencia de ser una Iglesia "glocal." El resultado de todo esto es una Iglesia Latina en Norteamérica miope espiritualmente sin un entendimiento claro de la Gran Comisión. Ellos simplemente no pueden visualizar, comprender, ni mucho menos esbozar un plan coherente de expansión del Reino de Dios ya que no han recibido la educación o preparación adecuada resultante en ver el corazón de Dios y responder a ese clamor por las almas perdidas de todas las culturas y etnias de la tierra.

A pesar de la realidad descrita arriba concerniente al mover de la Iglesia Hispana en los Estados Unidos y Canadá, es interesante distinguir el contraste existente entre ella y el resto del cuerpo de Cristo desde México hasta el Cono Sur. La Iglesia que reside en los países Latinoamericanos, la cual fue inspirada por el esfuerzo misionero de trabajadores estadounidenses, canadienses y europeos y que tuvo la fuerza de superar errores cometidos por organismos misioneros y denominaciones, ha resultado hoy en una Iglesia con una clara visión de su rol como parte del Cuerpo de Cristo en la tierra. Frente a esta realidad, algunos de los que seguimos el mover misionero entre Norte, Centro y Sur América nos preguntamos; ¿Por qué toda esa energía, dedicación y esfuerzo misionero que ha resurgido en Latinoamérica en los últimos veinte años no se ha traducido en una masiva asimilación por parte de los hermanos que han emigrado a los Estados Unidos de América y Canadá? Pienso que la respuesta a esta interrogante así como a otras similares se encuentra en la mentalidad de la Iglesia Hispana en Norteamérica, en la cual se ha asumido que por el hecho de que la Iglesia Anglo tiene más recursos tanto humanos como financieros, controlan las denominaciones y agencias misioneras mas importantes del mundo, así como las mejores escuelas y centros de capacitación teológica, que el esfuerzo de evangelización fuera de nuestras fronteras nacionales les corresponde a ellos. En otras palabras tenemos una división la cual ha degenerado la óptica de nuestra misión como Iglesia en el mundo y uno de sus resultados es una Iglesia Latina en Norteamérica sin la motivación necesaria para capacitarse educacionalmente, algo que en mi opinión debemos de lucharlo hasta obtenerlo.

¿Qué debe de hacer con urgencia la Iglesia Hispana en Norte America en cuanto a la educación?

Si la Iglesia Hispana en Norteamérica no es propiamente educada, entrenada y equipada para la labor de ministerio mas allá de su esfera local por nuestros hermanos Anglos, entonces, es nuestra responsabilidad el buscar por otras opciones las cuales están disponibles para nosotros, las cuales expandirán nuestra habilidad de poder alcanzar a otros en los confines de la tierra. Podemos sentarnos por el resto de nuestros días y acusar a quien queramos de prejuicios, racismo o falta de amor cristiano, pero al final del día la responsabilidad de prepararnos y equiparnos mejor para ser mas efectivos en nuestro alcance misionero recae única y exclusivamente en nosotros. Cada uno de nosotros en forma individual tendremos que dar cuentas al Señor por nuestro arrojo y dedicación en la búsqueda y el esfuerzo de educarnos para ser obreros mejor capacitados en la viña del Señor, lo cual incluye el buscar comprender en forma irrefutable la visión global de Dios y nuestro rol en ella.

Hoy tenemos entre nosotros organizaciones tanto Latinas como Anglos en búsqueda de ayudar a la Iglesia Hispana en Norteamérica a educarse, movilizarse, y ser enviada a las naciones de la tierra. Estos ministerios están a la disposición de visitar nuestras congregaciones en las comunidades en las que ministramos ya sea con literatura como con cursos en los cuales se combinan el estudio bíblico con factores históricos, estudios antropológicos y testimonios de misioneros quienes ya han estado en el campo. Organizaciones como COHMINA y su escuela EHMIT, Fronteras y su programa de Perspectivas, o Sigue A Uno Internacional con su adiestramiento para congregaciones quienes desean ser mas efectivos en la labor misionera, entre otros ministerios dedicados a equipar pastores, líderes y congregaciones, estando dispuestos a preparar, equipar, proveer consultoría y ayudar en todo lo que sea necesario para que nuestra gente esté lista, preparada y sea exitosa al hacer la Gran Comisión.

Otra manera de educar a nuestras congregaciones es a través del envolvimiento en viajes o proyectos misioneros de corta duración. De la misma forma que nos envolvemos en un proyecto misionero en Nicaragua y enviamos un grupo de personas de nuestras congregaciones con el fin de ayudar en la construcción de una escuela por un par de semanas, podemos hacer lo mismo por el resto del mundo enviando un equipo de voluntarios a Cambodia o Etiopía. La oportunidad de educar a la Iglesia Hispana mediante viajes o proyectos misioneros de corta duración producirá como resultado lo que yo he denominado como una adicción por las misiones, extremadamente vital tanto para el proceso de movilización total de la Iglesia como para cumplir con la misión que Dios nos ha dado como comunidades "glocales", poniendo en uso los dones, talentos y habilidades que ya el Señor nos ha dado en las áreas de adoración, planificación, toma de decisiones, e implementación de proyectos.

En su libro Avery T. Willis y Henry T. Blackaby escribieron lo siguiente: "Dios no esta interesado en darnos una mera experiencia de misiones, sino mas bien en que nosotros estemos en misión con El" (Willia & Blackby 3). Por lo tanto, como Iglesia Latinoamericana en Norteamérica es imprescindible que internalizemos la verdad bíblica que nos muestra que cada vez que estamos en la acción ministerial estamos en una misión con nuestro Dios alcanzando gentes de toda nacionalidad y culturas. Es en este nivel de entendimiento que podremos utilizar todo lo que veamos, leamos, estudiemos y aprendamos en esa misión dada a nosotros por el Señor. Estos principios, una vez aprendidos, pueden ser utilizados en cualquier lugar siempre y cuando los ajustemos al contexto cultural del lugar al cual deseamos ministrar ya que los mismos son principios bíblicos. Por lo tanto no es necesario el tener un doctorado en misiología para hacer el trabajo de la Gran Comisión.

Movilización de la Iglesia

Uno de los aspectos cruciales que ayudará a la Iglesia Hispana a ganar apreciación de nuestro llamado y destino como parte del Cuerpo de Cristo a ser personas con una mentalidad misional y estar entusiasmadamente enamorados con el proceso de ser una Iglesia "glocal". La movilización de la Iglesia es una de las piezas más importante del rompecabezas misiológico ya que es en este ámbito que la Iglesia local descubre que ellos si pueden hacer esa obra de ministerio que parece lejana e imposible. Por lo tanto la función de la movilización de Iglesias es la de animar, inspirar y facilitar a individuos y congregaciones a ser parte de los obreros necesitados para recoger la gran cosecha de almas.

Personalmente, he estado envuelto en este aspecto del trabajo misionero por los últimos dos años a través del ministerio de Sigue A Uno Internacional y es un verdadero gozo el poder ver congregaciones descubriendo el verdadero potencial que tienen de alcance a naciones mas allá de Latinoamérica. Es a través de este proceso de movilización de iglesias que congregaciones pueden renovar su visión concerniente a la Gran Comisión comprometiéndose a ser Iglesias "glocales." Durante este transcurso de movilización, tanto líderes como congregaciones descubren las oportunidades existentes de ministrar la palabra de Dios en diversas, innovadoras y creativas formas en un sin fin de grupos étnicos tanto en los alrededores de nuestras comunidades locales como en el resto del mundo. Por ejemplo, la pequeña congregación que pastoreo en la ciudad de Titusville, Florida, ha descubierto que pueden ministrar a los estudiantes Chinos del Florida Institute of

Technology en la ciudad de Melbourne, Florida. Por lo cual hemos aceptado el reto lanzado por el ministerio Sigue A Uno Internacional y mantenemos como congregación una presencia en todos los eventos de alcance que tenemos con estos estudiantes.

Ciertamente, el trabajo de movilizar congregaciones no es tarea fácil. En realidad el esfuerzo de movilizar una congregación a la labor evangelizadora más allá de su zona de comodidad es una labor ardua ya que hay una serie de temores en las mentes y corazones de las personas. Las barreras culturales y de lenguaje no son cuentos de caminos, y lo sabemos ya que nosotros mismos hemos tenido que batallar en estas tierras norteñas para sostener un balance entre nuestra lengua y cultura materna y las costumbres e idioma de Norteamérica. Sin embargo, la Iglesia tiene que sobreponerse a esos temores revistiendo sus vidas con un amor y pasión especial por las almas perdidas y ese revivir espiritual comienza con nosotros mismos en forma individual. La mejor descripción de esto la da Mark Mittelberg cuando dice: "Comienza a transformar la cultura de tu Iglesia buscando primeramente el avivamiento de Dios en tu alma" (Strobel & Mittelberg 23).

En nuestro encuentro ocasional con los estudiantes Chinos, siempre tenemos el temor de la barrera del idioma, cultura y costumbres. A eso añadámosles las ideas religiosas, el ateísmo y la guerra no declarada entre el este y el oeste y llegaremos a la conclusión que ministrar a estas personas es algo virtualmente imposible de lograr. No obstante, al llegar al lugar de reunión, vemos vez tras vez las similitudes en ciertas cosas entre los chinos y los Latinos. El poder ver a 30 o 40 Chinos engullendo comida Hispana, bailando música salsa y enseñando a Hispanos como hacer genuinos "dumplins" Chinos, ciertamente no tiene precio. Es en este proceso de intercambio cultural que nosotros los creyentes en Cristo descubrimos el hambre espiritual existente en las mentes y corazones de estos jóvenes quienes tienen una oportunidad única de poder conocer a Jesucristo en un medio ambiente de libertad religiosa y como Dios nos usa a cada uno de nosotros.

El no tener una congregación en total movilización es como desestimar mediante nuestras acciones el carácter de Jesucristo y Su propósito con nosotros tanto a nivel colectivo como individual. Mi consejo como pastor a otros pastores es que comprendan lo significativo de tener una congregación movilizada en misiones. Mediante el desarrollo de estrategias toda Iglesia puede ser parte de la gran cosecha tanto a nivel local como fuera del área geográfica en donde normalmente hacemos ministerio. Yo puedo testificar personalmente que en el caso de nuestra minúscula plantación de Iglesia, nuestra líder de adoración fue inspirada a acompañarnos en el viaje que hicimos a la Republica Popular de China en el otoño del año 2008. Y en este viaje, ella pudo experimentar como nunca antes en su vida el poder de Dios cuando simplemente decidimos proclamar las buenas nuevas con otros y el resultado ha sido un deseo e interés de parte de todo el grupo de ser parte de los obreros del Señor en la cosecha China tanto en Asia como en la Florida Central.

Viajes Misioneros de Corta Duración

Dentro del contexto de educación para nuestras congregaciones locales no podemos dejar atrás el elemento de los viajes misioneros de corta duración. La Iglesia Hispana en Norteamérica está familiarizada con este concepto debido a que cientos de este tipo de viajes son organizados cada año por congregaciones en Norteamérica diseñadas con el fin de ayudar a la Iglesia en Latinoamérica. A pesar de que la dinámica de estos viajes misioneros de corta duración cambian de acuerdo al país, etnia circunstancias tanto económicas como políticas, dentro de muchas otros factores, la irrefutable verdad es que el resultado final de estas cortas empresas de fe son como un fuego que comienza pequeño convirtiéndose en una gran llamarada. Personalmente soy de la opinión de que no existe una mejor forma de ver las posibilidades de lo que el Señor puede hacer a través de nosotros que en un viaje misionero de corta duración. Un ejemplo de esto lo presenciamos el viaje que hicimos a la China en el año 2008 en el cual un grupo de 21 personas, bajo el auspicio de dos organizaciones misioneras participamos de la maravillosa experiencia de ver a la Iglesia del libro de los Hechos en el siglo XXI por unos diez días. Entre los viajeros estaba una de las enfermeras de mi hija Michelle, a quien tuve que motivar, convencer e implorar para que se uniera a esta empresa. Sin embargo al final el resultado de esta corta experiencia fue tan poderosa que unos pocos meses después de haber regresado a los Estados Unidos, ella sintió del Señor regresar para estar unos seis meses trabajando en un orfanato, lo cual concluyó recientemente.

Desde el año 1994 he estado envuelto en viajes misioneros de corta duración en América Latina. Durante todos estos años, Dios nos ha usado en forma especial en el área de entrenamiento para pastores y líderes laicos en áreas rurales de México, Colombia, Venezuela, Ecuador y Argentina. Recientemente he estado como parte de un equipo que viaja desde Alabama para ayudar en los trabajos de los retiros del Ministerio Kairos en San José, Costa Rica. Sin embargo, a pesar de toda esa experiencia, no fue sino hasta que viajé por primera vez a la República Popular de China que pude comprender el inmenso potencial de la Iglesia Latinoamericana residiendo en Canadá y los Estados Unidos de América rompiendo viejos paradigmas, pasando por encima de la incomodidad de la distancia, el idioma y las costumbres locales y aun de la conformidad que tenemos al recordarnos a nosotros mismos acerca del ministerio que hemos desarrollado en América Latina.

Fue en este primer viaje a la China que pude escuchar por primera vez el llamado de Dios a la Iglesia Latinoamericana en Asia, África, el Medio Oriente y Europa. Pude presenciar con mis propios ojos que una persona oriental le prestaría mayor atención a un hispano a la hora de compartir el evangelio debido a la afinidad que existe entre los Chinos y los Latinoamericanos por ciertos aspectos de la comida, la lucha por sobrevivencia y ciertos aspectos políticos ya que los Chinos tienen como héroes a Fidel Castro y Hugo Chávez. De hecho, por razones políticas es mas fácil para un Hispano evangelizar a un Chino que un Anglo ya que la guerra de Irak y la presencia Estadounidense en el Este es visto por la mayoría de las personas orientales como actos imperialistas, lo cual ha creado dificultad en misioneros tanto de Norteamérica como Europa Occidental. También el ver que la China es el país mas estratégico del mundo por su cantidad de gente, localización geográfica, y diáspora alrededor del mundo. Finalmente, el poder ver con mis ojos como todos los días miles de creyentes en Jesús ponen sus vidas en la línea de fuego arriesgándolo todo con el fin de compartir la fe en el verdadero Dios con una clara visión de completar el círculo de evangelización de regreso a Jerusalén.

A pesar de que en el ámbito misiológico hay personas quienes opinan que los viajes de corta duración no necesariamente son de beneficio a la causa de evangelización debido a que algunos de estos viajeros hacen estas travesías como si fuera un viaje turístico, mi experiencia personal me ha indicado que los viajes de corta duración son una invaluable herramienta de educación para individuos y congregaciones en búsqueda de discernimiento en el proceso de establecer una visión misionera. Durante estas cortas experiencias en viajes visioneros-misioneros congregaciones enteras obtienen una definitiva visión de esfuerzo misionero en África, Asia, el Medio Oriente, o Europa, escogiendo un lugar en particular para orar, apoyar a obreros financieramente, ayudar en el establecimiento de congregaciones, entrenamiento para pastores y lideres, o algún tipo de ayuda social en orfanatos, hospitales, víctimas de abuso doméstico, construcción de facilidades, y establecimiento de pozos de agua potable, entre otras opciones de ministerio.

Aun mas, congregaciones a nivel local se benefician del aprendizaje obtenido en viajes misioneros de corta duración ya que no es lo mismo escuchar las historias de lo que Dios esta haciendo en otras partes del mundo en labios de extraños que en la expresión genuina de aquellas personas quienes semana tras semana participan de esa comunidad de creyentes. Cuando una congregación toma la decisión de adoptar a un país o región, lo próximo que deben hacer es enviar una delegación de esa congregación local al lugar que han escogido. La razón es muy simple; cuando representantes de una congregación local viajan al lugar que ellos han adoptado ellos pueden ver la realidad de esa etnia y ya no es algo abstracto. La Iglesia local orará por las necesidades de esa comunidad y la de los obreros quienes ministran en ese lugar. Esa delegación podrá olfatear los olores del lugar al cual están adoptando, consumir lo que la gente de ese lugar come, dormir en la misma comunidad en donde los obreros y el resto de esa comunidad duerme, y de la misma forma que Josué y Caleb hicieron, este grupo de representantes quienes han viajado desde Norteamérica estarán expiando el territorio que Dios les ha dado desde una perspectiva espiritual. El resultado final de todo esto será algo poderoso, ya que al regresar esta delegación a Norteamérica y presentar a su congregación local mediante videos, fotografías, y testimonios no descritos por la National Geographic, pero por miembros de su propia congregación, quienes fueron enviados con ese preciso propósito. En fin, esa transferencia de la visión de parte de la delegación misionera al resto de la congregación no tiene precio ya que proveerá un manantial de información necesaria para el establecimiento de una estrategia misionera coherente de adopción hacia el país visitado.

Capítulo VII
Alianzas Estratégicas

Uno de los grandes cambios de paradigmas en el esfuerzo misionero a nivel global durante este siglo XXI ha sido en la forma de operar por parte de denominaciones, agencia misioneras y obreros mediante alianzas estratégicas entre dos o mas organizaciones o individuos. Uno de los aspectos negativos que la Iglesia Hispana ha aprendido de nuestros hermanos Anglos durante los siglos IX y XX fue la prioritarización del trabajo denominacional en vez de tener un enfoque en la labor del Reino de Dios. Hoy tanto las denominaciones como las agencias misioneras han hechos grandes cambios estableciendo cooperaciones en el reconocimiento de que cada uno de nosotros laboramos para el mismo Señor, por lo cual el ecumenismo se ha convertido en parte integral y vital de la cultura misionera.

La Iglesia Hispana en los Estados Unidos de América y Canadá tiene que aprender la lección de que todos y cada uno de nosotros trabajamos para el mismo Dios independientemente si somos Arminianos o Calvinistas, hablamos en lenguas o no las hablamos, metodistas, presbiterianos, pentecostales o episcopales, porque cada uno de nosotros somos parte integral del cuerpo de Jesucristo. Por supuesto que tenemos lealtades hacia nuestras denominaciones. Este servidor es ministro ordenado de la Iglesia Metodista Libre y es una bendición y privilegio el laborar con nuestros obreros en otras partes del mundo. Sin embargo, Dios y Su Reino es la razón por la cual tenemos una misión. Por lo tanto, es bueno y prudente el entablar lazos de cooperación y asociación con organizaciones reputables quienes tienen más experiencia que nosotros en áreas de ministerio y lugares en donde hemos sido llamados a servir. Un ejemplo de esto lo es la Agencia Misionera Nexus en la ciudad de Orlando, Florida quienes trabajan en cooperación con la Agencia Misionera Pioneers y algunas instancias con Follow One / Sigue A Uno International. El resultado ha sido un maravilloso ministerio misionero Latinoamericano en sensitivas partes de Asia sin tener la necesidad de tener que reinventar la rueda.

Es sumamente crítico que la Iglesia Hispana en Norteamérica conciba la idea de que misiones no es simplemente el enviar a un grupo de individuos a una localización particular en el mundo. A pesar de que es cierto e importante el que tengamos embajadores del Reino en todas las naciones de la tierra, tenemos que reconocer que es vital el que lo hagamos en una forma inteligente y efectiva. Cualquier congregación que desee lanzar un proyecto misionero tanto a nivel local como en el exterior lo tiene que hacer dentro de los parámetros de una coherente estrategia la cual pueda rendir frutos. Esa inescrutable realidad es suficiente motivo para establecer alianzas estratégicas con otros ministerios. Consecuentemente, si una congregación busca la ayuda, consultaría y tutoría de alguna agencia misionera al momento de lanzar un proyecto de alcance evangelístico y establece una alianza estratégica, el resultado será lideres entrenados e informados, congregaciones con una clara cognitiva misionera, proyectos de levante de fondos exitosos, y el establecimiento de operaciones misioneras las cuales sobrevivirán las tempestuosas aguas del campo misionero al cual se estará enfocando ya que el éxito no está basado necesariamente en la cantidad de conversiones que los misioneros tendrán.

Durante mi caminar ministerial he visto pastores de congregaciones pequeñas quienes no tienen ningún plan estratégico de misiones por pensar que ellos son un pequeño grupo y que ese proceso no es necesario. Yo difiero completamente de esa opinión y afirmo que independientemente del tamaño de la congregación, ya sea 12 o 12,000 personas, una Iglesia comprometida con el "Missio Dei" en el mundo tiene que estar haciendo esfuerzos enfocados en la proclamación del mensaje de Cristo. Y es a través de alianzas estratégicas que pequeñas congregaciones y ministerios se pueden beneficiar del conocimiento y la experiencia de organizaciones grandes y bien establecidas quienes ya están trabajando en lugares alrededor del mundo retantes para nosotros llegar. Esto se puede hacer de diferentes maneras desde apoyar a un misionero que ya está en el campo mediante correos electrónicos mensualmente, apoyar económicamente a un proyecto en específico, haciendo expediciones misioneras de corta duración y manteniendo a la Iglesia al tanto del acontecer misionero en el lugar en el cual están enfocados. Por lo tanto, independientemente del tamaño de la congregación, el siglo XXI ha traído consigo infinidad de maneras creativas de poder participar de lo que Dios desea que hagamos como parte de Su Iglesia.

En la Iglesia Latinoamericana de Norteamérica no tenemos un mejor ejemplo que la Iglesia El Calvario de Orlando, Florida quien ha sido pionera en el responder a la Gran Comisión como Iglesia Hispana en Norteamérica. Contando con más de treinta misioneros en diferentes partes de este planeta, esta congregación ha tomado seriamente la determinación de establecer alianzas estratégicas para de esta forma ser más efectivos. El resultado ha sido esfuerzos misioneros exitosos en conjunto con las Asambleas de Dios, la Agencia Misionera Nexus, COHMINA y otros ministerios. Ciertamente ellos como parte de las Asambleas de Dios tienen lealtad a su denominación. No obstante, la lealtad a Jesucristo y a Su Reino tiene precedencia. Esto ha sido demostrado en esta congregación no solamente con palabras sino con apoyo a líderes como el Rev. Rudy Girón y los Rev. Gaspar y Claudia Bustamante quienes no son miembros de las Asambleas de Dios, pero quienes han sido apoyados por esta congregación. Y es en esa dirección que el Señor desea ver a toda la Iglesia Hispana en Norteamérica.

Así que le invito a que si es usted miembro de una denominación, primeramente se contacte con un representante de las oficinas de Misiones Mundiales quienes con mucho gusto le darán a usted ideas de cómo mover su congregación en la dirección correcta. En el caso que su denominación no tenga un enfoque en el lugar que su congregación se siente llamada en ministrar, busque oportunidades de establecer alianzas estratégicas en la que su congregación y ese ministerio que ministra en esa región del mundo que usted desea llegar puedan trabajar juntos. En caso de que su congregación no pertenezca a ninguna denominación, hay un sinnúmero de agencias misioneras quienes están dispuestas a trabajar con usted en este aspecto de la labor del Reino. En segundo lugar, contáctese con algún ministerio ya sea otra Iglesia o grupo ministerial que esté haciendo un esfuerzo misionero en la región cercana a donde su congregación está trabajando y únase a esa labor. En tercer lugar, no se olvide de su compromiso de evangelización a nivel local. Nuestra misión no es la de desvestir a un Santo para vestir a otro. Al contrario, Dios nos manda a que seamos efectivos en nuestro esfuerzo misionero en todas las esferas ya mencionadas.

Capítulo VIII
Orando En Forma Estratégica Y Apasionada

Si algo la Iglesia Latinoamericana sabe hacer muy bien es orar. Con un transfondo difícil repleto de privaciones, hambre, escasos recursos económicos, persecución y discriminación por no ser Católicos Romanos entre muchas otras realidades, la Iglesia Hispana Protestante a traído desde sus países de origen un espíritu avasallador el cual nos ha permitido cruzar el Río Grande vez tras vez, sobreviviendo y alcanzado grandes cosas. Y es con esa misma fuerza e ímpetu que continuamos en oración por nuestras naciones de origen, por nuestros ministerios en Norteamérica y por la intervención Divina en medio de los retos sociales que tenemos como comunidad en autoexilio.

Ciertamente es la oración la que nos ha hecho una comunidad fuerte en medio de nuestras batallas y retos personales. Oramos por una solución para los millones de inmigrantes indocumentados, por nuestros jóvenes quienes han caído víctimas de las adicciones y embarazos fuera del matrimonio, por la lucha diaria en contra de la violencia, el hambre, el rechazo por algunas personas en nuestras propias comunidades tanto por motivos raciales como económicos y por toda Latinoamérica. Con todo eso, si examinamos de cerca el porqué oramos, nos daríamos cuenta que pasamos entre un noventa y cinco a noventa y ocho porciento de nuestro tiempo de oración en clamor por asuntos cercanos a nuestro corazón y casi no oramos a favor por el resto del mundo. Es como si la lista de supermercado cargada de peticiones personales tomara una preponderancia en nuestras vidas, que el orar en el Espíritu Santo por el resto de la humanidad.

Creo que la razón por la que nosotros los occidentales oramos con un enfoque en nosotros en vez de, en las demás personas es una de índole cultural. Sin embargo, esto no debe ser ningún pretexto para no orar de la forma correcta. Es nuestra responsabilidad como creyentes en Cristo que nos paremos en la brecha a favor de aquellos quienes nunca han escuchado acerca de Jesucristo. Mientras usted lee este libro, hay millones de personas quienes viven en lugares poco accesibles al evangelio y una valiente Iglesia en plena batalla contra las potestades del infierno, pagando un alto precio mediante la persecución, encarcelación, hostigamiento público y el martirio. Por lo tanto es tiempo de que la Iglesia Latina en Canadá y los Estados Unidos comience a dedicar un tiempo de oración estratégica con el fin de ser efectivos en nuestro tiempo de oración.

El secreto de un tiempo de oración estratégico está en orar en forma balanceada. Debemos de orar por nuestra ciudad la cual es nuestro campo de batalla local, por las personas de nuestro país de origen y por el resto del mundo. También, dentro de tantas etnias, sería aun más efectivo si usted incluyese un grupo étnico en particular por el cual usted desea interceder. Por ejemplo, en mi tiempo de oración comienzo orando por la ciudad de Titusville, el Condado de Brevard, el Estado de La Florida, y los Estados Unidos de América. Luego intercedo por la isla de Puerto Rico y por el resto de Latinoamérica. De ahí paso a clamar a favor de los millones que no conocen a Dios en Europa, Asia, África, Australia, las Islas del Pacífico, las Islas Mediterráneas, las islas del Caribe, las islas del Atlántico Sur y Canadá. Finalmente, oro por los Uighur y los Tibetanos, dos etnias las cuales siento una carga especial por ellas. Una vez concluyo este periodo de clamor por todas estas personas es el tiempo de orar por el ministerio local, mi familia, peticiones personales y necesidades de amigos y hermanos en la fe.

Al momento de orar hágalo con todo su corazón como que las vidas de millones de personas dependen de su oración. Declare guerra espiritual en contra de las potestades del diablo y párese en la brecha en favor de los grupos por quienes usted está intercediendo. Es también de suma importancia que antes de usted orar por la etnia que haya escogido usted se prepare para ello. Es decir, conozca su geografía, idioma, religiones practicadas entre ellos, costumbres culturales, situación política y económica y posibilidades de poder ser alcanzados con el evangelio de Cristo. Invite a sus amistades y hermanos de su congregación local a unirse en oración por este grupo étnico en particular. Sea una persona de influencia recordando constantemente a las personas que son parte de su círculo de amistades acerca de ese grupo étnico en particular que usted ha adoptado a través de correos electrónicos, Twitter, Facebook y otros medios de comunicación masiva.

A todo esto que usted acaba de leer, yo le añadiría un ingrediente adicional. Haga el esfuerzo de hacer una visita al país y/o región que usted ha adoptado en oración. Esto es lo que el Rev. James

Loftin a denominado como un "Viaje Visionero-Misionero." En mis años de ministerio no he visto algo más poderoso en el campo de la oración e intercesión como hacer un viaje al lugar por el cual se está intercediendo y declarar guerra al diablo en su territorio. Este ha sido mi propósito principal con mis viajes a la República Popular de China. Yo no hablo el idioma Mandarín, mi contacto aun con los Chinos que hablan el idioma Inglés es limitado debido a que en la cultura Asiática el proceso de establecer confianza no es tan rápido como en el caso de nosotros los Latinos. Pero hay dos cosas que si yo puedo hacer; primeramente viajar desde el hermoso estado de la Florida hasta la tierra de los dragones llevando copias del libro mas leído en el mundo y en segundo lugar, declarar guerra al enemigo en lo que por mucho tiempo fue su territorio. En mi recorrido hago intercesión por la nación China en la Plaza de Tiananmen, la Ciudad Prohibida, la Gran Muralla, el Templo "Gates of Heaven", el Templo Lama, la Mezquita Musulmana mas antigua de la China en la ciudad de Xi'an, en el lugar donde se encontraron los famosos soldados de terracota y donde esta erigido el monumento nestoriano, en las universidades de la Provincia de Sichuan, el Starbucks Café de la ciudad de Chengdu, o el antiguo mercado de la ciudad de Shanghai. Oro por el gobierno, las cincuenta y seis etnias, la Iglesia Cristiana; oro por los adultos, jóvenes y niños; clamo por las mujeres, los ancianos, los estudiantes, profesionales y agricultores, por aquellos quienes son privilegiados económicamente y por aquellos quienes todavía no han podido salir de la pobreza. Declaro salvación, avivamiento y una visitación del Espíritu Santo en toda esa nación como nunca antes en la historia se halla visto. Profetizo salvación y sanidad tanto física como emocional para millones de personas y declaro el año agradable del Señor para todo este país asiático.

Podremos hacer los más fabulosos planes de evangelización mundial, pero sin la oración, no podremos obtener la victoria.

En mi caso personal, al tener nuestra congregación laborando en la cosecha de Asia, oramos por la China cada semana. También semanalmente envío a mi círculo de amigos en el Facebook datos acerca de un grupo étnico chino cada semana para que también ellos se sientan motivados a unirse conmigo en clamor por los no alcanzados en la China. Por lo cual afirmo sin lugar a dudas que la Iglesia Latinoamericana en Norteamérica tiene la obligación de añadir en su lista de oración a los pueblos no alcanzados más allá del hemisferio occidental. De la misma forma tan apasionada que oramos por Bolivia, Argentina, México, o Perú, tenemos que hacer lo mismo por Marruecos, Indonesia, Libia y el Sudan.

Una de las cosas que también recomiendo a cualquier persona o congregación al momento de adoptar una etnia o nación es que haga el esfuerzo de preparar una etnografía del grupo cultural al cual se le dedicará la atención especial en oración, evangelización y apoyo misionero. La misma proveerá una nueva perspectiva acerca del grupo cultural al cual se desea alcanzar. Con esto en mente, el último capítulo de este libro es una etnografía que preparé acerca del grupo étnico Uighur de la China. Esta etnia ha estado en mi corazón y diaria oración desde el año 2007 cuando participé por invitación del Rev. James Loftin de una cena con un grupo de ellos en un restaurante musulmán en la ciudad de Xi'an.

Capítulo IX
La Inflexible Segadora

Recientemente estaba leyendo los resultados de un estudio hecho por el "Pew Research Center" (The Pew Forum On Religion & Public Life) publicados en el mes de octubre del año 2009, los cuales reflejan cambios dramáticos de crecimiento en los grupos musulmanes tanto a nivel mundial como en los Estados Unidos de América. En el mismo se habla de los 1.57 billones de musulmanes quienes representan un 23% del total de la población mundial. Además, hace referencia que a pesar de que más del 60% de la población musulmana están localizados en Asia, más de 300 millones de personas quienes profesan esta fe residen en países los cuales el Islam no es la religión dominante. Un ejemplo de esto lo es la India, país que tiene la tercera comunidad musulmana más grande del mundo, la República Popular de China tiene más seguidores del Islam que Siria, Alemania más residentes islámicos que Líbano, Francia tiene más musulmanes que Alemania y Rusia tiene entre sus habitantes más musulmanes que Jordania y Libia combinados.

Por supuesto, a esos números añadámosle los mas de 38 millones de musulmanes quienes viven en Europa, los 800,000 quienes residen en la República Argentina, haciéndola el país con mayor concentración islámica en Sur América, los Estados Unidos de América contando con 2.4 millones y Canadá con 657,000 musulmanes respectivamente. El crecimiento del Islam ha sido tan vertiginoso que de acuerdo a un reporte de la agencia de noticias "Prensa Asociada" con fecha de abril del año 2009, la Iglesia Católica Romana ha admitido que por primera vez en la historia existen más seguidores de la fe musulmana que del catolicismo romano. De hecho, de acuerdo a la oficina del censo estadounidense, la población islámica en los Estados Unidos de América en el año 2000 era de 1.1 millones, lo cual indica un crecimiento de 1.3 millones de adherentes a esta fe en menos de 10 años en tan solo este país. Como puede usted observar, lo descrito arriba es referente a una sola religión de las muchas existentes en el mundo. Si tan solo añadiéramos los números de los devotos al Hinduismo, Budismo, Taoísmo y Confucionismo, estaríamos hablando de una poderosa parte de la población de nuestro planeta que no conoce a Jesucristo ni lo ha aceptado como único y exclusivo salvador. No es mi intención con esta información infundir miedo en las mentes de las personas acerca del aumento en fieles de la fe islámica. De hecho, con tener miedo o infundiéndolo a otras personas no hemos hecho nada. Es mi deseo con esta información, el que cada uno de nosotros comprenda que tenemos el desafío de alcanzar a millones de personas con la luz del evangelio desde el patio de nuestras casas al resto del planeta.

No obstante a esas realidades y al hecho de que nosotros, los hispanos tenemos la oportunidad única de llegar al corazón de los seguidores de tanto musulmanes como seguidores de otras religiones, continuamos con la inflexible segadora de estar predicando un cristianismo denominacional. En el mismo, los

Metodistas quieren convertir a los Presbiterianos, o los Luteranos desean persuadir a los Episcopales y ellos a los Pentecostales quienes si son ultraconservadores enviaran directamente al lago de fuego a quienes no crean en la Biblia de la manera que ellos la predican. Mientras tanto, el mundo se pierde por no conocer acerca de Jesús.

Personalmente no me opongo a que evangelicemos a personas quienes se denominan Católicos Romanos pero en realidad lo son meramente de nombre y no en la práctica diaria. Tan poco me niego a que tengamos los protestantes y católicos un debate franco y abierto acerca de nuestras diferencias teológicas. Sin embargo, creo firmemente que ya es tiempo de que la Iglesia Protestante Latinoamericana en los Estados Unidos y Canadá expanda su visión evangelizadora más allá de los Católicos Romanos. A pesar de nuestras grandes y serias diferencias teológicas, nuestros hermanos y hermanas de la Iglesia de Roma aman a Jesucristo, creen en la Trinidad y lo testifican mediante la afirmación de los diferentes credos de la Iglesia, tienen grupos carismáticos, leen la Biblia y proclaman el evangelio cristiano mediante la labor social en nuestras comunidades como testimonio de su fe en Jesucristo. En cambio, los musulmanes, hinduistas, taoístas y budistas, entre tantas otras religiones, no tienen la más minima idea de quien es Jesucristo, Su Deidad, amor y propósito salvífico por todas las etnias de la tierra.

Amado lector, mis preguntas para usted son las siguientes: ¿Cuándo fue la última vez que usted evangelizó a un musulmán? ¿Acaso el amor de Jesucristo debe ser expresado únicamente a aquellas personas quienes hablan nuestro idioma y visten al estilo occidental? ¿Dónde esta el plan de evangelización de la Iglesia

Latinoamericana en los Estados Unidos hacia los creyentes de la fe islámica quienes viven en nuestros vecindarios y de quienes nos escondemos por temor a que sean terroristas o por no saber nada acerca del Islam? ¿Haz leído alguna vez el Corán? ¿Cómo puedes hablar con un musulmán acerca de Jesucristo, si no conoces la perspectiva de su teología?

La realidad de la perspectiva misionera de los Latinoamericanos en Estados Unidos y Canadá es una de atracción a lo que ellos conocen y se sienten cómodos. Su claro mensaje es que debemos de evangelizar a los hispanos, ayudar a los hispanos, levantar congregaciones entre los hispanos, atraer hispanos creyentes de teologías diferentes a las mías a mi redil, manteniendo a una comunidad que proclama ser cristiana emigrando de una iglesia evangélica a otra. En otras palabras, nuestros ministerios son de Hispanos, para Hispanos, por Hispanos. Son muchos los pastores hispanos que piensan que es nuestra responsabilidad rescatar a nuestra juventud de las garras del diablo y traerlas a la luz del evangelio y eso es cierto. Sin embargo, también es cierto que si dedicásemos el cien porciento de nuestra atención a nuestros jóvenes con una campaña masiva de evangelización, al final del día son ellos quienes tomaran esa decisión final. La verdad que no queremos admitir es que de la misma forma que Jesús dijo que siempre tendremos a los pobres entre nosotros, también siempre tendremos jóvenes perdidos en nuestras comunidades debido a que ellos rechazaran el evangelio de Cristo a pesar de estar presente la Preveniente Gracia de Dios. Por lo cual esa idea de total dedicación a mi comunidad local es una absurda y sin sentido común.

La inflexibilidad de parte de algunos de nuestros líderes eclesiásticos Hispanos a establecer un plan de acción misionero coherente, directo a las necesidades tanto locales como regionales y allende a los mares, mas allá de nuestra zona de comodidad cultural, ha traído consigo una ceguera espiritual la cual ha inmovilizado a la iglesia hacia la misión que Dios nos ha dado. Esa inflexible cegadora es un impedimento claro a los planes Divinos con la Iglesia Latinoamericana en Norteamérica.

La última vez que leí las escrituras no encontré ninguna referencia a que la Iglesia Latinoamericana en los Estados Unidos y Canadá tenían excepciones de alcance al momento de cumplir con la Gran Comisión. En otras palabras, ese texto que muchos afirman con sus acciones que dice; "Y me seréis testigos en Jerusalén, en toda Judea, Samaria y hasta lo último de la tierra, con la excepción de los Hispanos residentes en los Estados Unidos y Canadá", no existe. Dios está lanzando un desafío a la Iglesia Hispana en los Estados Unidos de América y Canadá a que sean una Iglesia de alcance fuera de su cultura, ministrando a personas de todas las etnias de la tierra en dondequiera que estemos. Después de todo, ese es el gran significado de ser luces en medio de las tinieblas.

Capítulo X
Una Etnografía del Grupo Étnico Uighur de la China

Introducción:

En la República Popular de China existen cincuenta y seis diferentes grupos étnicos quienes hablan unos doscientos treinta y seis idiomas diferentes, haciendo a este país una de las mas étnicamente diversa naciones del planeta. La mayoría de estas etnias viven en áreas geográficas de difícil acceso tal y como lo han hecho por miles de años, con la excepción del grupo étnico Han quien es el grupo mayoritario (93.5% de la población) y por lo tanto viven y controlan la extraordinaria mayoría del país y el grupo minoritario Hui quienes viven sin un lugar permanente y están esparcidos por todo el territorio nacional Chino.

En el caso del grupo étnico Uighur, lo podemos localizar principalmente en la Región Autónoma Uighur en el noroeste de la China. Los Uighur cuentan con una población de 8.4 millones de habitantes, lo cual es minúsculo comparado con el total de 1.3 billones que componen la nación China. A pesar de que el área geográfica en donde habita la comunidad Uighur es denominada como "autónoma", realmente eso es muy lejano a la realidad. La verdad de la relación política de esta parte del país es que el gobierno central dirige los destinos de esta comunidad con mano de hierro en su deseo de amalgamar a la mayoría Han con la minoría Uighur con el fin de tener una "unificada nación." Sin embargo la realidad le indica al gobierno de Beijing que la labor de cambiar la cultura y forma de pensar de una etnia es casi imposible de lograr a menos que se derrame sangre cometiéndose actos genocidas. De hecho, Storti hablando del comportamiento de cualquier grupo étnico menciona en su libro lo siguiente; "...el comportamiento es el resultado directo de todo aquello que la gente asume, valora, y cree" (Storti 5), y en este caso en particular, lo que la comunidad Uighur asume, valora y cree es completamente diferente a lo que el gobierno central tiene en mente.

El pueblo Uighur es descendiente de los turcos con sus orígenes en el siglo VIII. Desde el siglo X han estados ligados a la secta Suni de la fe Musulmana. Por lo tanto en esta cultura una persona que nace Uighur también es musulmana, al menos desde el punto de vista social, cultural y político. La gran pregunta que estudiosos occidentales de la cultura Uighur se hacen es la siguiente: ¿Cómo una sociedad con una identidad socio cultural y de identidad política puede cambiar su lealtad de la fe musulmana al cristianismo? De ser así, tenemos mucho por contextualizar.

El pueblo Uighur es uno muy orgulloso de su herencia y cultura. Hoy, a pesar de la influencia del gobierno central Chino, ellos mantienen viva su cultura mediante el lenguaje, música, escritos y costumbres. Sin embargo, a pesar de todos estos esfuerzos, es notable también la influencia exterior impuesta por el gobierno central el cual es mayoritariamente de la etnia Han. No obstante, esto no es nada nuevo para los habitantes de esta región ya que por siglos recibieron el impacto cultural de la famosa "Carretera de Seda."

Hoy, debido a estas influencias exteriores y otras razones de carácter económico o persecución política, miembros de la comunidad Uighur se han visto forzados a dejar su tierra natal. También, jóvenes quienes desean prosperar tanto educacional como económicamente han salido de su territorio en busca de mejores oportunidades en las ciudades más importantes del país. Estos son los Uighur que podemos identificar en ciudades como Xi'an, Shanghai, Chengdu, o Beijing entre otras. En el medio de tantas subculturas tales como la de personal militar, oficiales de la policía, chóferes de taxis, cocineros, y guías turísticos, entre tantas otras encontradas en las grandes metrópolis, el pueblo Uighur como subcultura vive manteniendo en forma relevante su cultura, costumbres y tradiciones mediante el apoyo de unos a los otros en pequeños enclaves. En otras palabras la identidad del Uighur que vive en las afueras de su territorio nativo mantiene una identidad cultural colectiva de la misma forma que la ha mantenido en la Región Autónoma Uighur por cientos de años. En su libro Dr. Hiebert menciona lo siguiente: "La búsqueda de identidad personal es algo inimaginable en culturas en las cuales el punto básico de referencia es el grupo y no el individuo" (Hiebert 123).

De acuerdo la Revista SAGE, desde finales de la década de 1980 miles de Uighur se han mudado ha la ciudad de Beijing y son considerados ante los ojos de las autoridades gubernamentales como "migrantes internos" o parte de una "población flotante." Ellos vienen a las grandes ciudades y se establecen en "Cuns" o colonias de Uighur. Ellos llegan a estas grandes ciudades atraídos por la oportunidad de mejoramiento personal y mayores libertades las cuales no son posibles en su tierra natal. Esta es también la razón por la cual personas de cualquier grupo cultural abandona el escenario rural de su tierra natal llegando a las grandes urbes. Como escribió Charles Craft; "mientras mas grande es la sociedad, mas cantidades de subgrupos tendrá" (Kraft 41). Durante mi conversaciones con jóvenes Uighur tanto en la China como en la Florida pude confirmar lo que ya me sospechaba; sus vidas no han cambiado mucho en términos económicos y sociales ya que en las grandes ciudades la presión de la cultura dominante esta tan latente como en la Región Autónoma Uighur. La soledad, presiones políticas, discriminación por parte de la mayoría Han y la constante sospecha de ellos por parte del gobierno por temor a que sean terroristas hace aún mas difícil que los miembros de esta minoría puedan alcanzar sus metas de la misma forma que otros grupos en la China. Pero a pesar de todo eso, no hay un punto de regreso en la mente de estas personas lo cual les hace sentirse atrapados. La razón de esta situación es el hecho de que en la Región Autónoma Uighur ellos son aun mas maltratados, discriminados, perseguidos y vigilados debido al vertiginoso crecimiento del movimiento nacionalista Uighur que busca la independencia de la Región Autónoma de Xinjiang de la Republica Popular de China.

Durante mí tiempo de conversación con Ibrahim y Rukije, escuché historias de cómo el gobierno hace que ellos participen en sesiones de educación política, las cuales son mandatorias de la misma forma que lo eran durante la época de la Revolución Cultural. No obstante, sus vidas en las grandes ciudades son menos caóticas que en su tierra natal en donde la sospecha está a la orden del día. Al menos, en los grandes centros urbanos del país, pueden practicar la fe islámica con menos temor y consiguen empleos más fácilmente que en su tierra de nacimiento teniendo como resultado una situación económica mucho más estable que aquellos quienes viven en

Xinjiang.

A pesar de que los Uighur que emigran a las grandes urbes en la China desde la Región Autónoma de Xinjiang tienen ciertas ventajas las cuales no son disfrutadas en su tierra de nacimiento, en mis observaciones pude percibir que la comunidad Uighur vive y actúa como extranjeros a pesar de ser ciudadanos Chinos. Ellos viven en comunidades o colonias Uighur, cenan en restaurantes Uighur, mayormente trabajan con otros Uighur en negocios quienes sus dueños son de la misma etnia y al momento de un hombre Uighur decidir casarse y comenzar una nueva familia lo hace en la inmensa mayoría de las veces con una mujer de su propio grupo cultural. De hecho en conversaciones que tuve con un joven llamado Otkur, le expresé mis observaciones y su respuesta fue que yo estaba acertado en mis conclusiones, pero que existían razones por las cuales ese comportamiento y actitud de vivir como extranjeros estaba en vigencia. Por ejemplo, el rechazo y aire de superioridad racial expresado en las acciones de la mayoría Han hacia ellos las cuales les hacen sentirse no solamente extraños o extranjeros, pero también inferiores.

Los Uighur y el Cristianismo

Es interesante destacar que en un momento dado de la historia, los cristianos Nestorianos evangelizaron a los Uighur al punto de que virtualmente toda su población fue cristianizada. Pero luego, con el pasar de los años, y las influencias extranjeras, este grupo cultural abandonó la fe Cristiana, abrazando el Islam. Mas adelante en la historia religiosa Uighur, y de acuerdo a la Revista "People International", durante los años 1800's, misioneros Suecos establecieron una comunidad Cristiana entre los Uighur. Pero en la década de 1930 fanáticos musulmanes asesinaron a los cristianos e incendiaron sus templos. En nuestros días existen alrededor de

500 Uighur Cristianos en el mundo y tan solo 50 de ellos viven en la Región Autónoma de Xinjiang en medio de 8.4 millones de Musulmanes.

Personas Entrevistadas

La comunidad Uighur ha sido una pasión y a la misma vez carga que el Señor a puesto en mi corazón desde que conocí a Ibrahim, un estudiante de literatura Inglesa en una visita que hicimos un grupo de lideres a la ciudad de Xi'an en el año 2007. Anteriormente nunca había escuchado acerca del grupo minoritario Uighur ni de la oportunidad única de poder establecer una amistad la cual pudiera tener repercusiones eternas. Tanto Ibrahim como este servidor disfrutamos de los diferentes sabores de la cocina internacional y a consecuencia de ello, en mi visita a un restaurante musulmán en la ciudad de Xi'an, pude disfrutar de la comida Uighur. A pesar de que Ibrahim es practicante de la fe islámica, es mi oración que la luz del evangelio alumbre su vida y pueda de una vez por todas tener un encuentro con el Jesús resucitado. También, en esta visita a la antigua capital imperial de la China conocí a Rukije, un joven de 19 años de edad, quien se acababa de relocalizar desde la ciudad de Urumqi, en un club de practicar el idioma Inglés (English Corner). Rukije es también un musulmán de la secta Suni en búsqueda de una mejor vida en la ciudad más importante del oeste de la China. Finalmente, conocí a Otkur, un estudiante de tecnología de computación en la Universidad de la Florida Central (UCF) en la ciudad de Orlando, Florida.

Propósito de Esta Etnografía

El propósito de esta etnográfica es la de presentar ciertos detalles significativos con el fin de tener una clara perspectiva de la vida de la comunidad Uighur en Beijing, Xi'an, Chengdu, Shanghai y otras ciudades o urbes de gran importancia en la Republica Popular de China. Durante este tiempo dedicado a observar, entrevistar y leer acerca de esta subcultura, he llegado a la conclusión de que las siguientes seis áreas proveerán una clara descripción de este grupo étnico:

A. Interconexión Entre la Vida y la Religión.
B. Defensa de los valores culturales en medio de un auto exilio.
C. Diferencias entre la comunidad Uighur y otras minorías en la China.
D. Similitudes entre el grupo étnico Uighur y otras comunidades minoritarias en la China.
E. Valores familiares.
F. Hibrides Uighur

A pesar de tener una limitada exposición a la cultura Uighur, he aunado esfuerzos adicionales para conseguir información vital a través del sistema de Bibliotecas del Condado Orange en el estado de La Florida y de otros medios en el Internet. Además, he incluido información coleccionada mediante conversaciones con un misionero puertorriqueño que ministra en la China y que tiene algo de conocimiento de la cultura Uighur.

Interconexión Entre la Vida y la Religión

Como he dicho anteriormente, la comunidad Uighur pertenece a la secta Suni de la fe Musulmana de la misma forma que el 90% de los seguidores del Islam en el resto del mundo. De la misma forma que otros países en la región central de Asia (Kazakhstan, Kyrgyzstan, Tajikistan, Afganistán, y ciertas regiones de Rusia), el grupo étnico Uighur es descendiente de la misma familia y seguidores de la misma religión. Y como seguidores del Islam, tienen un riguroso estilo de vida. Ellos cocinan y comen sus alimentos, visten, se casan, arreglan sus hogares, hacen transacciones de negocios, educan a sus hijos y se relacionan con otras personas de acuerdo a la tradición musulmana independientemente de la presión que puedan recibir por parte del gobierno central. El dejar su tierra natal viajando hacia el este en busca de mejores oportunidades económicas y educativas, no es motivo alguno para abandonar dichas costumbres y tradiciones.

La mayoría de ellos usan un "doppa o tumak", lo cual es un sombrero usado por musulmanes para distinguirse entre ellos y hacen oraciones en dirección a la ciudad de Meca a las 8:30 A.M. (amanecer), 10:00 A.M. (en la mañana), 3:00 P.M. (mediodía), 5:15 P.M. (tarde), 7:30 P.M. (oscurecer) y 9:00 P.M. (noche). También celebran el "Festival de Corban" (Eid al-Adha), una celebración en la cual ellos conmemoran cuando Dios le instruye a Abraham que sacrifique a su hijo Isaac. Lo interesante de esta celebración es el hecho de que ellos ponen incorrectamente a Ismael en el lugar de Isaac en el altar. También celebran el "Eid ul-Fitr", una celebración al final del mes de Ramadán. Por supuesto, cada viernes ellos celebran "Jumu'ah", y al momento de salir a cenar a un restaurante lo hacen primordialmente en lugares cuyos dueños y empleados son Uighur o practicantes de la fe musulmana debido a que el cerdo es parte importante de la dieta diaria de los Chinos y ningún Musulmán puede comer "comida contaminada", lo cual significa que un pedazo de carne de pollo es contaminado ya que los utensilios utilizados para cocinar el pollo fueron también utilizados para cocinar la carne de cerdo.

Al momento de hacer arreglos matrimoniales, la mayoría de los jóvenes Uighur viajan desde las grandes ciudades en el este de regreso a la Región Autónoma de Xinjiang para encontrar una esposa. En otras circunstancias, ellos consiguen esposas de las jóvenes Uighur quienes se han trasladado a las grandes urbes en búsqueda de una mejor vida. Raramente un Uighur se casa fuera de su grupo étnico. La razón principal es la preservación de su etnia la cual ha sido severamente atacada por la mayoría Han. Sin embargo, existe una razón adicional, esta es su fe. Como musulmanes sería un deshonor para Dios, Islam y sus familias si un Uighur se uniera en matrimonio con una infiel (persona no musulmana). Consecuentemente, la interrelación entre la vida personal y la religión no es detenida independientemente del lugar en el cual un Uighur resida. Interesantemente, en el caso de los varones se les permite casarse con mujeres no musulmanas en ciertas circunstancias, lo cual no puede hacer ninguna mujer Uighur debido a que la tradición indica que la mujer siempre seguirá la religión de su esposo.

En la sociedad secular China en la cual constantemente se les recuerda que la religión es el opio de las masas, los Uighur sufren de constante ridiculez por parte de individuos quienes son ateos o miembros de otras religiones en las grandes urbes alrededor de la nación. Sin embargo, basado en mi limitada observaciones, esto no llena de miedo el corazón de la comunidad Uighur quienes continúan diariamente desafiando a las autoridades y cualquier otra entidad que trate de intimidarles.

Defensa de los Valores Culturales en Medio de un Autoexilio.

De acuerdo a mis fuentes entrevistadas, desde el año 1955 el gobierno Chino ha hecho esfuerzos por eliminar la cultura Uighur mediante diversas metodologías. La mayoría cultural Han quienes controlan el gobierno ha animado el que se propaguen los matrimonios interraciales, la destrucción de manuscritos reverenciados por la comunidad Uighur, la prohibición de celebraciones autóctonas locales, la desmoralización de su raza, haciendo mas difícil el que ellos puedan alcanzar sus metas como nación e individuos y a través de la expatriación mandataria de su tierra natal a otras provincias trayendo como reemplazo poblacional gentes de otras provincias a la Región Autónoma de Xinjiang las cuales en su mayoría son de la etnia Han. Sin embargo, nada de esto ha descorazonado el espíritu luchador y nacionalista del pueblo Uighur. Al contrario, la defensa de sus valores culturales permanece fuerte aun en medio del autoexilio en las grandes urbes del este.

En mi tiempo de preguntas a Ibrahim, pude tener la certeza de que la comunidad Uighur continúa manteniendo viva la llama de la defensa cultural aun en la lejanía de su tierra natal. Muchas de estos exilados o auto exilados utilizan las artes como el medio de expresar lo que sienten en sus corazones respecto a esa lucha por sobrevivencia como nación. La poesía, música, pintura, bailes autóctonos, relatos de historias y festivales locales tienen la intención de recordar al pueblo Uighur en autoexilio en las grandes ciudades de la China y en otros lugares alrededor del mundo. Estas son formas de discipulado por parte de culturas quienes utilizan la tradición oral. Culturas literatas como la de los Estados Unidos, Canadá y la Europa Occidental normalmente pasan por alto el valor de las artes orales como forma de discipulado. No obstante, en las culturas del este, es muy común el encontrar este tipo de forma de arte. Interesantemente, el gobierno local de Beijing y de las otras grandes ciudades en la China son más abiertos a tolerar el que los Uighur celebren los grandes logros de su cultura y tradición que en la Región Autónoma de Xinjiang.

A pesar de que la gente joven de ascendencia Uighur quienes residen en las grandes ciudades del este de Xinjiang visten con ropas occidentales, no es raro el poder ver entre ellos quienes continúan utilizando sus ropas tradicionales en medio de su exilio. En muchas ocasiones se pueden ver Uighur caminando por las calles usando un "bakasam chapan", un abrigo de seda, o un par de "choruk", sus zapatos autóctonos. En sus hogares lo que normalmente tienen para comer es "Nang" horneado, lo cual es un pedazo de pan aplanado, o "sansa", "sherpa", "kawab", "polo", "langman", o "chochure", entre otras tantas comidas típicas de la Región Autónoma de Xinjiang. Por supuesto, el pueblo Uighur es uno alegre y amigable, por lo cual la música es parte integral de su cultura. Es muy común el ver en las casas, restaurantes y otros lugares de reunión "dutars", "satar", "naghras", o "koshuks", entre otros instrumentos musicales.

De la misma forma que no podemos separar a una madre de sus hijos, el Uighur es inseparable de su cultura. Consecuentemente ellos orgullosamente la exponen públicamente y la defienden por encima de cualquier intento de ser silenciada. En mis conversaciones con Otkur, pude escuchar relatos en los que oficiales del gobierno están presentes en los festivales y celebraciones públicas de la comunidad Uighur con el fin de prevenir el que nadie planifique ningún acto de violencia en contra del gobierno. Estos inspectores animan a los participantes de dichas celebraciones a que no vistan en ropas tradicionales. Tanbien Rukije hizo mención del hecho de que el gobierno Chino utilizó el lema "Una Nación, Un Sueño" como parte de la campaña de anuncios de los pasados juegos olímpicos en Beijing con el fin de aplastar sentimientos disidentes o separatistas en las diferentes comunidades minoritarias en la China. Pero a pesar de todas esas circunstancias, el pueblo Uighur que vive al este de su tierra natal continua orgullosamente defendiendo sus valores culturales, tradiciones y costumbres.

Toda esta información expresada aquí son razones por las cuales la étnia Uighur se encuentra ligada a la religión Musulmana ya que de la forma que ellos lo ven, un Uighur no es un Uighur si no cree y practica el Islam. De hecho, muchos de ellos afirman que si ellos dejasen de ser musulmanes, serían asimilados por la mayoría étnica Han.

Diferencias Entre la Comunidad Uighur y Otras Minorías en la China

Una de las preguntas que indagué durante mis conversaciones con Rukiye, Otkur e Ibrahim fue la siguiente: ¿Cuáles son las diferencias entre la comunidad Uighur y el resto de los grupos minoritarios quienes también viven en las grandes ciudades de la China? Su respuesta fue, coraje. La mayoría de los conjuntos étnicos en este país, con la excepción del grupo Tibetano y los Uighur aceptan las directrices del gobierno central a cambio de paz. Como resultado, estas minorías poco a poco se han estado amalgamando con la mayoría étnica Han. En contraste, los Uighur han resistido su aniquilación y como resultado, donde sea que haya un Uighur, su conciencia esta en vanguardia defendiendo su sobrevivencia como nación.

Al finalizar mis preguntas con estos tres individuos del grupo étnico Uighur, tener tiempo de leer mas acerca de este asunto y conversar con misioneros en el campo, pude realizar que el peso de la evidencia indica claramente que la represión a la que han sido sujeta esta comunidad a tenido como resultado disturbios y una mas ferviente radicalización en contra del gobierno de Beijing al punto de que ellos no se consideran Chinos. Evidencia de esto lo podemos ver en la creación de capítulos regionales de asociaciones de estudiantes como la Asociación "Tengritakh", la cual aspira a promover los derechos y la cultura Uighur; algo no visto en gran medida por otros grupos culturales en ciudades como Beijing o Shanghai. Contrario a el reconocimiento internacional de la problemática de la Región del Tíbet, los Uighur no tienen el extraordinario apoyo que tiene la comunidad Tibetana alrededor del mundo y mucho menos una figura carismática como la del Dalai Lama para presentar su caso ante las grandes potestades del

Occidente. El resultado de esta realidad es una comunidad Uighur viviendo en las grandes urbes al este de la Región Autónoma de Xinjiang olvidadas por el resto del mundo.

Similitudes Entre el Grupo Étnico Uighur y Otras Comunidades Minoritarias en la China.

En mi opinión, hay mas cosas que traen unidad entre diferentes grupos minoritarios quienes viven en una gran ciudad que las que las separan. Como persona perteneciente a una de las minorías aquí en los Estados Unidos de América, he podido presenciar como diferentes circunstancias han sido catalíticos para traer unidad en grupos quienes de primera instancia se piensa que no existe nada en común entre ellos. Uno de esos ejemplos ha sido la batalla por los derechos civiles en la cual líderes de la comunidad Hispana se han unido a el liderato de la comunidad Afro Americana para abogar por los derechos que tenemos todos los residentes de esta nación bajo la constitución y las leyes promulgadas por el Congreso de esta República. Por supuesto, en el caso de la comunidad Uighur viviendo en las grandes ciudades en la China, esta no es la diferencia.

Al momento de luchar por su sobrevivencia como minoría en lugares como Kunming, Chengdu o Xi'an, los Uighur han hecho alianzas estratégicas con miembros de la comunidad minoritaria Hui. También han hecho alianzas con lideres de las siguientes etnias: Kazaks, Khalkhas, Uzbeko, Tajiks, Tataros, Salas, Dongxiang y Bao'An. Interesantemente, entre todos estos grupos existe un denominador común; la fe Islámica. En adición a estos grupos, de tiempo en tiempo la comunidad Uighur ha hecho alianzas con la comunidad Tibetana quienes han sido perseguidos en forma despiadada en el pasado.

En este proceso de interrelación con otros grupos minoritarios, la comunidad Uighur en estos grandes centros poblacionales han comprendido que a pesar de todo no están completamente solos. Ellos han estado recibiendo el apoyo de otras minorías quienes se encuentran también en peligro de extinción en una sociedad donde la súper mayoría intenta convertirse en la única etnia en todo el país. Ellos comparten y hablan entre ellos acerca de sus necesidades, sueños, y aspiraciones tanto como minorías como "extranjeros" en su propio país. Sin embargo, es importante destacar la realidad de que en estas grandes ciudades, con la excepción del grupo minoritario Hui, la representación del resto de las etnias mencionadas arriba es bien escasa.

Valores Familiares

Como parte de la vida del Uighur, al relocalizarse desde la Región Autónoma de Xinjiang a las grandes ciudades en el este, no hay en ellos cambios drásticos a su estilo de vida. Como he mencionado previamente, la vida familiar y personal esta interconectada con su vida religiosa. Aun en ciudades como Tianjin o Qingdao las familias son algo más numerosas de lo que en términos Anglos conocemos como familia en el Occidente. En otras palabras, a parte de la esposa y los hijos, la etnia Uighur sigue la tradición del Este en la cual la familia es un clan; por lo tanto se incluyen en la misma, abuelos, abuelas, tíos, tías, primos, primas, sobrinos, sobrinas, nietos y nietas. Esto cautivó mi atención debido a que en muchos de nuestros países Latinoamericanos la estructura familiar es muy similar a la de los Uighur.

Tradicionalmente el más anciano, es el jefe de la familia. Los niños obedecen no solos a sus padres, pero también a la familia inmediata (tíos, tías, abuelos, etc.). En la mayoría de los casos, personas quienes residen en las grandes ciudades no tienen la oportunidad de tener entre ellos 70, 80, o 100 miembros de su familia. Sin embargo, ellos mantienen una relación mediante cartas, el servicio limitado de Internet que puedan obtener y los viajes que se hacen ya sea cada año o entre cada 2 a 5 años a la Región Autónoma de Xinjiang. En esta sociedad los ancianos son reverenciados y los más jóvenes quienes viajan a las grandes ciudades, ayudan a sus familias enviando contribuciones financieras cada mes. Mi amigo Rukije me explicó que el rol principal de la mujer en la etnia Uighur es la de pasar los valores autóctonos de su cultura a sus hijos, lo cual es un gran honor. Esto lo hacen mediante el contar de las historias tradicionales de su pueblo y los bailes tradicionales. Además, como parte de las tradiciones de este pueblo, sea en Urumqi, Beijing, Xi'an, o cualquier otra de las comunidades en la China, los matrimonios continúan siendo arreglados por los padres y los hombres continúan siendo el grupo dominante.

La Hibrides Uighur y los Cambios Culturales

Ted Lewellen menciona en su libro el hecho de que debemos recordar que todas las culturas ya son híbridas y, lo que estamos presenciando hoy es una cultura hibrida mezclándose con otra (Lewellen 102). Frente a esta realidad, comunidades Uighur en Beijing, y a través de toda la nación China están llegando a comprender esta verdad poco a poco. Por ejemplo, veamos a un joven quien su padre es del grupo étnico Uighur y su madre de la etnia Hui quienes se relocalizan desde Urumqi a Beijing entrando a una comunidad la cual es bastante bombardeada por influencias Occidentales. Viven en un vecindario en el cual una persona de la mayoría étnica Han tiene por esposa a una mujer de Corea del Norte, y otro está casado con una Australiana. Esta pareja que se acaba de relocalizar tendrá la realidad de tener que relacionarse con otras personas de diversas culturas. Por ejemplo, el esposo posiblemente tenga que trabajar en una fábrica cuyos dueños son americanos, su supervisor es Han y sus compañeros de faena son vietnamitas y coreanos.

Ibrahim me comentó que la generación mas joven se está adaptando a dichas transformaciones pero sus padres y familiares de generaciones anteriores se resisten a este tipo de choque cultural. Ejemplo de esto es el poder ver en una ciudad como Xi'an una nueva modalidad; esto es, gente disfrutando música rock Uighur en club nocturnos. Cerca de 15 años atrás, algunos talentosos músicos Uighur se unieron a bandas de música rock cuya mayoría de sus miembros eran del grupo étnico Han. Poco a poco estos músicos fueron trayendo a otros Uighur a estas agrupaciones musicales y con el pasar de los años bandas de músicos Uighur comenzaron a presentarse en lugares donde jamás se pensó que ellos lo estarían haciendo utilizando líricas en su idioma nativo. También la versión "reggae" Uighur ha sido una gran sensación acompañado con bailes tradicionales de Xinjiang. Por supuesto, con todo esto vienen otros problemas sociales como las adicciones a drogas y las infecciones con el virus del SIDA.

¿Cómo Ellos Ven a los Occidentales?

Como parte de esta etnografía, he decidido incluir como la comunidad Uighur ve y piensa acerca de nosotros los pueblos occidentales. Esta es una importante pregunta debido a que en la China del siglo XXI todavía la presencia misionera Occidental es vista como importante en este esfuerzo de llevar la Gran Comisión a los pueblos no alcanzados. La respuesta que tuve de parte de mis entrevistados probablemente no sea una genuina debido a que ellos se comportaron cortésmente frente a un Occidental quien estaba curioso acerca de muchos factores y costumbres de la vida cotidiana Uighur. Sin embargo, pude leer entre lineas su mensaje. Ellos pueden sobrellevar a los Occidentales que están entre ellos ya que en las grandes ciudades al este de Xinjiang están acostumbrados a verles. Sin embargo, ellos se sienten apesadumbrados ante la realidad de que la “mayoría” de los Occidentales piensan que “todos los Musulmanes son terroristas.” Ellos me expresaron que la inmensa mayoría de ellos no son violentos y que en el caso de los que si lo son, tenemos que entender la historia detrás de esa violencia. De acuerdo a los entrevistados, esos actos de terrorismo son el resultado de una larga historia de abusos tanto por parte del gobierno central Chino como de las grandes potencias Occidentales; especialmente los Estados Unidos de América y Gran Bretaña. Al momento de estas conversaciones un grupo de prisioneros Uighur se encontraban presos en la Base Naval de la bahía de Guantánamo en Cuba y para el resto de la comunidad Uighur, esto era un acto de apoyo de parte de los Estados Unidos a la política de abusos cometidos por el gobierno Chino en contra de una minoría étnica.

Luego de escuchar los diferentes argumentos de estos jóvenes Uighur por espacio de unos 15 minutos, ya que el propósito de mi entrevista no es de carácter político, por lo cual les pedí, que olvidándose por un momento del aspecto político, me dieran una opinión de otros Occidentales quienes no tienen que ver nada con la política exterior de los Estados Unidos. Su respuesta fue completamente diferente. Ellos ven a los Latinoamericanos como personas quienes luchan por su sobrevivencia de la misma forma que ellos en contra del “dedo imperialista de los Estados Unidos.” Entre sus héroes están Fidel Castro y Hugo Chávez ya que ellos han retado a los “Imperialistas Americanos.” A causa de esto, ellos han visto cualidades similares a las de ellos entre los Hispanos en el sentido de que nosotros los Latinoamericanos y los Uighur amamos nuestra música, poesía, pinturas, bailes, historias y utilizamos todo esas expresiones artísticas para enunciar lo que sentimos, padecemos y enojo en contra de las injusticias sociales de nuestros gobiernos. Al final de mis entrevistas, tuve la sensación de que después de todo, Dios puede utilizar a los Hispanos para alcanzar a la cosecha Uighur en tiempos en el que la política exterior de los Estados Unidos ha deteriorado la imagen del Occidente, creando barreras de alcance evangelístico a misioneros Anglos.

¿Cómo Podemos Alcanzarlos?

Estoy completamente convencido de que de la única forma que podremos ser de impacto y alcance a la comunidad Uighur en el noroeste de la China es primeramente llegando a los corazones de los miles de miembros de esta minoría quienes viven en el corazón de las ciudades mas conocidas y populosas al oeste la Región Autónoma de Xinjiang. En estos momentos los poderes de las tinieblas tienen cubierta esa parte geográfica de este país haciendo casi imposible el avance del evangelio de Jesucristo en esa parte de la China. A esa realidad tenemos que añadir el hecho de que los poderes políticos del Occidente se han convertido también en obstáculo para que misioneros Anglos de los Estados Unidos y Gran Bretaña puedan ser totalmente efectivos en el alcance de musulmanes en esta peligrosa región del mundo. Por lo tanto, el esfuerzo evangelístico mas efectivo de alcance es el poder llegar a las mentes y los corazones de los Uighur que viven en Kunming, Chengdu, Xi'an, Beijing, Shanghai, y otras ciudades del país para que estos Uighur cristianos evangelicen a su gente en Xinjiang.

Randy Woodley dedica el tercer capítulo de su libro "Living in Color" a lo que en mi opinión es crucial en el alcance de la comunidad Uighur en las ciudades mas importantes de la China. El mismo se titula; "Escogiendo a Jesús Sobre el Cristianismo Cultural" (Paginas 45-53). Aquí, el Rev. Woodley menciona que el modelo europeo etnocentrista de evangelización no es fructífero y que en realidad la contextualización del evangelio a una cultura o subcultura en particular es la respuesta si anhelamos tener un ministerio efectivo. De hecho, convertirnos en misioneros encarnados como lo menciona Hiebert al tratar con asuntos teológicos que surjan como producto de las diferencias culturales será crucial para poder ganar la atención y el respeto necesario (Hiebert 91).

Jesucristo nos ha dado un ejemplo que debe ser emulado. El dejó su trono de gloria, se hizo humano, sufriendo una muerte de cruz con el fin de proveer salvación a la humanidad. La única forma en la que podemos alcanzar a la etnia Uighur en las ciudades al este de Xinjiang es dejando atrás las comodidades de nuestra cultura, acercándonos a ellos, identificándonos nosotros con ellos sin comprometer quienes somos en Cristo y siendo una mano amiga. Es solamente ahí en ese momento de encarnación que los Uighur se unirán al grupo de millones lavados con la sangre de Jesucristo, el Cordero de Dios.

Conclusión

El capítulo 7 del Evangelio según San Mateo nos presenta la famosa parábola de Cristo acerca de la construcción de dos casas. La primera fue edificada sobre la arena y la segunda sobre la roca. Dice la narrativa bíblica que al llegar las fuertes lluvias y vientos de tormentas, la casa construida en la arena sucumbió debido a que su fundamento era débil. En cambio, la casa edificada sobre la roca sobrevivió a los vientos y la tempestuosidad que la asedió.

De la misma forma nuestras vidas, familias y ministerios pueden estar fundamentados en la arena o sobre la roca. Y es con el pasar del tiempo que tanto nosotros como la comunidad de fe que nos rodea, y aún los no creyentes son testigos de donde verdaderamente estamos cimentados. Ejemplo de eso es la Iglesia Euro-Americana. El poder ver las ciudades que fueron grandes centros del mover del Espíritu Santo convertidas hoy en grandes cementerios espirituales, es testimonio de cómo con el pasar del tiempo, los líderes de la Iglesia comenzaron a construir sobre una fundación débil teniendo como resultado la más grande de las crisis espirituales en la historia del cristianismo.

La Iglesia Latinoamericana en los Estados Unidos y Canadá ha caminado un largo y difícil recorrido. A pesar de los diversos trasfondos denominacionales cada uno de nosotros hemos comido del mismo pan de dolores y bebido de la copa de las vicisitudes. Gracias a la dedicación y entereza de los pioneros que llegaron antes que nosotros, abriendo surcos para las subsecuentes generaciones, hoy podemos celebrar grandes triunfos. El resultado de ese esfuerzo es visto en una Iglesia Latinoamericana pujante y victoriosa en Norteamérica en los comienzos de un nuevo siglo.

Sin embargo, ha llegado la hora para expandir horizontes. Este es el tiempo de establecer nuevas cabeceras de playa. Ahora es el tiempo de levantar la casa para esta nueva generación. Y la misma debe de edificarse con los materiales y dentro de las especificaciones que el Arquitecto Eterno, nuestro amado Jesús, quiere que nosotros construyamos esa vivienda. No obstante, a pesar de los maravillosos planes que tiene Dios para con Su Iglesia Hispana en los Estados Unidos y Canadá, nosotros tenemos libre albedrío. Por lo cual, está de nuestra parte el decidir si vamos a erigir una casa sobre la roca tal y como lo hicieron aquellas generaciones que llegaron antes que nosotros o si simplemente fabricamos una estructura débil sobre terreno arenoso.

No tengo la menor duda de que de la misma forma que Dios utilizó a judíos para evangelizar a los europeos, quienes llegaron a las costas de las Américas y a los pueblos asiáticos, las naciones africanas, y las comunidades de el Pacifico y Oceanía, puede utilizar a la Iglesia Latinoamericana en el siglo XXI. Sencillamente está en nuestras manos el decidir si queremos construir nuestra casa cimentada en la palabra de Dios siguiendo el ejemplo de Cristo, los Apóstoles y los Padres de la Iglesia o si queremos emular el ejemplo de aquellos quienes llenos de un narcisismo eclesiástico construyeron sobre la arena y perecieron en vergüenza y desgracia.

En esta hora el Señor le pregunta a la Iglesia Hispana en Norteamérica; ¿Dónde esta la versión latina de J. Hudson Taylor o de Emily Prankard Gilmour? ¿Dónde están los valientes como Mary Slessor, Adoniram Judson o William Carey, dispuestos a sacrificarlo todo con tal de llevar el mensaje de Cristo a la mayor cantidad de etnias posibles? ¿Dónde están los creyentes Latinoamericanos de los Estados Unidos y Canadá dispuestos a decir como dijo David Brainerd al momento de ir a ministrar a los nativo americanos: "Aquí estoy, envíame; envíame a los confines de la tierra..."

En conclusión, las palabras de Jesús; "Y me seréis testigos" resuenan en las mentes y corazones de todo aquel que genuinamente se haya rendido a Cristo y genuinamente desea compartir esa experiencia con el resto del mundo. Si respondemos al llamado de Dios, aceptando el desafío que El nos ha dado de proclamar Su mensaje por encima de las barreras culturales e idiomáticas, localmente, regionalmente, y mas allá de nuestras fronteras, estaremos construyendo sobre la roca. Si por el contrario, continuamos edificando ministerios de Hispanos, para Hispanos, y por Hispanos, sin ningún plan de acción para expandir el reino a las demás etnias de la tierra quienes residen en nuestras comunidades y allende a los mares, la edificación será sobre un fundamento arenoso y débil. Es mi oración que la Iglesia Latinoamericana en los Estados Unidos de America y Canadá puedan cumplir Hechos 1:8 a su máximo. En el nombre del Padre, del Hijo, y del Espíritu Santo, Amén.

Bibliografía

Baranovitch, Nimrod. "Inverted Exile." *SAGE Journals Online* [Online] Available. HYPERLINK "http://www.mcx.sagepub.com/cgi/content/abstract/33/4/462" http://www.mcx.sagepub.com/cgi/content/abstract/33/4/462, 2007.

Galli, Mark. "Global Church Ministry." *Christianity Today Magazine* [Online] http://www.christianitytoday.com/ct/2007/july/30.42html, 2007.

Guiness, Os. *The Call: Finding and Fulfilling the Central Purpose of Your Life.* Nashville: Thomas Nelson, Inc. 2003.

Hiebert, Paul G. *Anthropological Insights for Missionaries.* Grand Rapids: Baker Academic, 1985.

Hunt, Robert. *Missiology: An International Review.* Volume XXXVII. St. Louis: American Society of Missiology, April 2009.

Isasi-Diaz & Segovia Fernando F. *Hispanic/Latino Theology: Challenge and Promise.* Minneapolis: Fortress Press, 1996.

Kraft, Charles H. *Anthropology for Christian Witness.* Maryknoll: Orbis Books, 2006.

Lewellen, Ted C. *Anthropology of Globalization: Cultural Anthropology Enters the 21st Century.* Westport: Greenwood Publishing Group, 2002.

Ma, Wonsuk & Julie. *Asian Church & God's Mission.* Hopelawn: Mountain World Missions, 2003.

"People Profile." *People International* [Online] Available. HYPERLINK "http://www.peopleintl.org/au/documents/Profile-Uyghur_000.pdf"; http://www.peopleintl.org/au/documents/Profile-Uyghur_000.pdf, 2007.

Pickard, Jr. William M. *Offer Them Christ: Christian Mission for the Twenty First Century.* Franklin: Providence House Publishers, 1998.

Shibley, David. *The Missions Addiction: Capturing God's Passion for the World.* Lake Mary: Charisma House, 2001.

Storti, Craig. *Figuring Foreigners Out.* Boston: Intercultural Press, 1998.

Strobel, Lee & Mittelberg, Mark. *The Unexpected Adventure: Taking Everyday Risks to Talk with People About Jesus.* Grand Rapids: Zondervan, 2009.

Tuttle, Jr., Robert G. *The Story of Evangelism.* Nashville: Abingdon Press, 2006.

Willis, Jr., Avery T. & Blackaby, Henry T. *On Mission With God.* Nashville: Broadman & Holman Publishers, 2002.

Wood, Rick. Editorial Comment. *Mission Frontiers Magazine.* Pasadena: U.S. Center for World Mission, March-April 2009.

Woodley, Randy. Living In Color. Grand Rapids: Chosen Books, 2001.

Wright, Christopher J.H. *The Mission of God.* Westmont: InterVarsity Press, 2006.

Otras Fuentes: Cooperación Misionera de los Hispanos de Norteamérica (COMHINA) – Página electrónica www.comhina. org .

The Pew Forum On Religion & Public Life. "Mapping the Global Muslim Population." Washington: The Pew Research Center, October 2009.

www.ingramcontent.com/pod-product-compliance
Ingram Content Group UK Ltd.
Pitfield, Milton Keynes, MK11 3LW, UK
UKHW020241250726
13967UKWH00001B/483

9 780557 248209